야하! 세계엔 이런 문명이 있었군요

아하! 세계 역사 ❹ 문명사

아하! 세계엔 이런 문명이 있었군요

1판 1쇄 발행 | 2010. 1. 12.
1판 5쇄 발행 | 2020. 8. 1.

지호진 글 | 양은희·안주현 그림

발행처 | 김영사
발행인 | 고세규
등록번호 | 제406-2003-036호
등록일자 | 1979. 5. 17.
주　소 | 경기도 파주시 문발로 197(우 10881)
전　화 | 마케팅부 031-955-3102 편집부 031-955-3113~20
팩　스 | 031-955-3111

ⓒ 2010 지호진, 양은희·안주현
이 책의 저작권은 저자에게 있습니다.
서면에 의한 저자와 출판사의 허락없이 내용의 일부를 인용하거나 발췌하는 것을 금합니다.

값은 표지에 있습니다.
ISBN 978-89-349-3694-7　73900

좋은 독자가 좋은 책을 만듭니다. 김영사는 독자 여러분의 의견에 항상 귀 기울이고 있습니다.
전자우편 book@gimmyoung.com | 홈페이지 www.gimmyoungjr.com

어린이제품 안전특별법에 의한 표시사항
제품명 도서　제조년월일 2020년 8월 1일　제조사명 김영사　주소 10881 경기도 파주시 문발로 197
전화번호 031-955-3100　제조국명 대한민국　⚠주의 책 모서리에 찍히거나 책장에 베이지 않게 조심하세요.

아하! 세계 역사 ❹ 문명사

아하! 세계엔 이런 문명이 있었군요

지호진 글 | 양은희·안주현 그림

주니어김영사

글작가의 말

여러분은 '문명'이라는 말을 많이 들어 봤지요? 고대 문명, 과학 문명처럼 '문명'이라는 말은 종교, 과학, 예술 같은 여러 분야의 말과 결합되어 다양하게 쓰여요.

그렇다면 '문명'은 무슨 뜻일까요? '문화'와 비슷한 말 같기도 하고 다른 말 같기도 한데 말이에요. 사람들은 도시에 모여 살면서 편리한 생활을 하기 위해 여러 가지를 발달시켜 왔어요. 집들을 짓고, 홍수나 가뭄의 피해를 막기 위해 수리시설을 만들고, 규칙과 제도를 만들고……. 이렇게 사람들이 도시에 살면서 물질과 기술, 사회의 모습을 발달시킨 것이 문명이에요.

문명을 한자어로는 '文明'이라고 하지요. 이것은 아마도 '문자가 발달해서 세상에 질서가 생기고 밝게 변했다.'는 뜻일 거예요. 문명의 탄생과 발달을 살펴볼 때 빼놓을 수 없는 것이 바로 '문자'이거든요.

도시에 사는 사람들의 수가 엄청나게 늘어나자, 사람들은 편리하게 소통하기 위해 '문자'를 만들었어요. 사람들은 지식들을 다른 사람들에게 전하거나 후세에 남기기 위해 문자를 사용하기도 했어요. 그리고 문자 덕분에 학문이나 예술 같은 정신적 영역도 발달하게 되었답니다.

인류가 도시를 이루고 문자를 만들어 쓰면서 문명이 발달했고, 문명의 발달 때문에 인류는 한걸음 진보해 왔어요. 이것이 바로 '역사'랍니다.

이제부터 우리는 아주아주 먼 옛날로 거슬러 올라갈 거예요. 역사의 자취를 따라가면서 인류의 문명이 맨 처음 어디에서 어떤 모습으로 생겨났고, 어떻게 발달해 왔는지 짚어 보게 될 거예요. 그러면서 지금 우리가 서 있는 곳이 과거의 어느 지점과 맞닿아 있는지 가슴에 새겨 보자고요.

지호진

그림작가의 말

여러분은 '고대 문명' 하면 어떤 것이 떠오르나요?

혹시 이런 장면이 그려지지 않나요?

"저 멀리 강가 옆 비옥한 땅에서 농부가 밭을 갈고, 제사장은 올해 풍년을 기원하며 신에게 제를 올리고 있어요. 이웃나라와 곡물을 거래하는 상인은 진흙으로 만든 네모난 판에 갈대 펜으로 꾹꾹 눌러 밀을 뜻하는 문자를 쓰고는, 수레에 밀 포대를 열심히 싣고 있어요……."

문명이 싹텄던 고대 사회는 이제 막 인류가 역사의 수레바퀴를 굴리기 시작한 시기예요. 그래서 오늘날 첨단문명의 기초를 찾아볼 수 있는 아주 소중하고 의미 있는 시기랍니다.

우리가 사용하고 있는 문자와 수학, 과학, 종교, 철학, 심지어 정치까지도 그 기원을 수천 년 전 고대 문명에서 찾을 수 있어요. 지금보다야 소박한 형태였지만, 그 옛날에 많은 것들을 만들어 냈으니 참으로 위대한 시기이지요.

자, 우리 함께 그 위대한 시기로 가 볼까요? 빛나는 문명을 일군 고대인들이 어떻게 생활했고, 어떤 것들을 남겼는지 찬찬히 살펴보자고요.

양은희, 안주현

차례

작가의 말 4

1 메소포타미아 문명
최초의 문명인 수메르 인 12
도시문명을 꽃핀 바빌로니아 왕국 16
강력한 아시리아 제국 18
아시리아를 멸망시킨 신바빌로니아 19
유적에 얽힌 이야기 20
특징과 흔적 21
문명 속 신화 22

2 이집트 문명
문명의 기초를 세운 고왕국 시대 26
대 신전을 세운 중왕국 시대 29
최고의 번성기, 신왕국 시대 32
유적에 얽힌 이야기 36
특징과 흔적 37
문명 속 신화 38

3 인더스 문명
인더스 문명의 태동 42
계획도시 하라파와 모헨조다로 44
인더스 문명을 이은 갠지스 문명 48
유적에 얽힌 이야기 50
특징과 흔적 51
문명 속 신화 52

4 황하 문명
신석기 시대에 싹튼 문명 56
최초의 중국 왕조, 은나라 58
봉건제를 실시한 주나라 61
유적에 얽힌 이야기 64
특징과 흔적 65
문명 속 신화 66

⑤ 에게 문명

섬에서 생긴 크레타 문명 — 70
그리스 본토에서 생긴 미케네 문명 — 74
유적에 얽힌 이야기 — 78
특징과 흔적 — 79
문명 속 신화 — 80

⑥ 그리스 문명

독특한 소국가, 폴리스의 탄생 — 84
페르시아 제국과의 대 격돌 — 88
저물어 가는 그리스 — 91
유적에 얽힌 이야기 — 94
특징과 흔적 — 95
문명 속 신화 — 96
그리스 신화의 12신들 — 97

⑦ 로마 문명

로마의 건국과 왕정 — 102
공화정과 이탈리아 통일 — 106
지중해와 유럽 정복 — 109
유적에 얽힌 이야기 — 114
특징과 흔적 — 115
문명 속 신화 — 116

⑧ 마야 문명

엄격한 계급사회 — 120
전성기의 마야 모습 — 122
마야 문명의 종말 — 126
유적에 얽힌 이야기 — 130
특징과 흔적 — 131
문명 속 신화 — 132

⑨ 잉카 문명

동트는 잉카 문명 — 136
잉카 문명의 번영 — 138
대 제국의 몰락 — 140
유적에 얽힌 이야기 — 144
특징과 흔적 — 145
문명 속 신화 — 146

정답-문명 시대와 맞지 않는 사람 찾기 — 147

1 가장 오래된 인류의 문명
메소포타미아 문명
(기원전 4000년경~기원전 300년경)

메소포타미아는 반달 모양의 유프라테스, 티그리스 강 유역을 중심으로 번영했던 고대 문명이에요.
메소포타미아 지방은 강이 자주 흘러넘쳐 엄청나게 큰 수리 시설이 필요했어요. 이 때문에 사람들이 이곳에 모여들자, 도시국가들이 생기고 교역과 상업이 활발해졌답니다. 그러나 자유롭게 드나들 수 있는 지리적 조건과 비옥한 토지 때문에 끊임없이 주변 민족들의 침입을 받았고, 여러 나라가 흥망성쇠를 거듭했어요. 그 결과 정치와 문화가 뒤섞여 다양한 색깔을 띠게 되었어요.

두 강 사이에서 최초의 문명이 싹트다

아주 먼 옛날, 높은 산에 있던 샘물이 넓은 벌판으로 흘러와 커다란 호수가 되었어요. 여기에 큰비가 내리자 물이 넘쳐 사막으로 흘러가면서 빗물들과 합쳐져 강이 되었어요.

하지만 다른 물줄기는 사막으로 흘러갔지요. 이렇게 해서 사막에는 두 개의 강이 흐르게 되었답니다. 그리고 두 강 사이로 초승달 모양의 기름진 땅이 만들어졌어요.

그 땅에서 식물들이 자라자, 사람들은 강 사이로 모여들어 밀과 보리를 심고 마을을 이루었어요. 마을은 커져서 도시가 되었고, 사람들은 도구와 기술, 문자 등을 발명하고 발달시켜 문명을 일궈 냈지요.

기원전 4000년 무렵, 지금의 이라크 지방인 유프라테스 강과 티그리스 강 사이의 땅에서 인류 최초의 문명이 생겨났어요. 이것이 바로 메소포타미아 문명이랍니다.

메소포타미아 문명 시대와 맞지 않는 한 사람을 찾아보세요. (정답 147페이지)

최초의 문명인 수메르 인

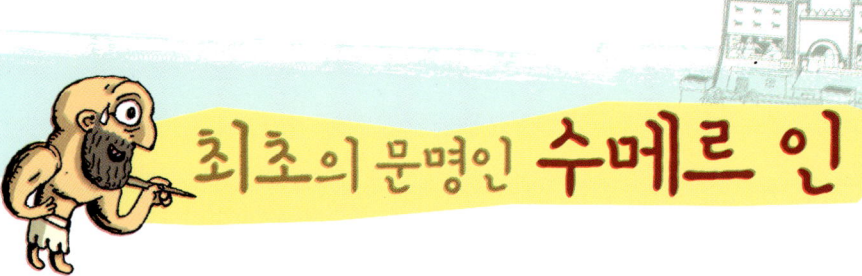

1. 신석기 시대인 기원전 약 7000년, 유프라테스 강과 티그리스 강이 시작되는 곳에 사람들이 살고 있었어요. 그 사람들은 야생 밀과 콩을 식량으로 삼으며 살았지요.

2. 어느 날, 사람들은 남은 밀을 내다 버렸는데, 밀에서 싹이 자란 것을 보고 농사짓는 방법을 알게 되었어요.

밀 심은 데 밀이 나네!

인류 최초의 문자, 쐐기문자

수메르 인들은 인류 최초로 문자를 발명했어요. 바로 설형 문자라고도 하는 '쐐기문자'예요. 쐐기는 나무나 돌을 가르거나 무거운 물체를 들 때 사용하는 도구예요. 못이나 핀, 침 같은 것이 쐐기의 한 종류랍니다. 진흙판 위에 갈대 펜이나 금속으로 새겨 썼기 때문에 글자의 모양이 쐐기 모양처럼 보인 거랍니다.

쐐기

갈대 펜의 한쪽 끝이 쐐기 모양과 비슷하지?

③ 기원전 4500년 무렵에 농사짓는 방법을 알게 된 사람들 중에서 일부가 유프라테스 강과 티그리스 강을 따라 이동하기 시작했어요. 기후가 바뀌고 인구가 갑자기 많아져서, 식량이 부족해졌기 때문이에요.

④ 사람들은 밀을 가지고 강을 따라가다가 메소포타미아에서 기름진 땅을 만났어요. 그리고 그곳에서 밀 농사를 짓기 시작했어요. 사람들은 스스로를 '검은 머리의 사람들'이라고 하고, 그곳을 '수메르'라고 불렀지요.

도시를 처음으로 만든 수메르 인

살곳과 규율이나 제도 같은 것을 만들어 함께 사는 도시를 처음 건설한 사람들이 수메르 인들이었어요. 기원전 3000년경에 말이지요. 그리고 수메르 인들은 도시에 필요한 것들을 발명해 냈어요. 그래서 어떤 역사학자는 교육제도, 사법제도 등 인류의 문명과 문화에서 중요한 것 27가지를 제일 처음 발명한 사람들이 수메르 인들이라고 주장해요.

메소포타미아 문명

5. 사람들은 유프라테스 강의 물줄기를 밭으로 끌어와 메소포타미아 평야에 물길을 만들었어요. 그래서 메마른 땅을 비옥한 농경지로 바꿨지요. 사람들은 그 땅에서 농작물을 풍성하게 거둬들였답니다.

6. 사람들은 강줄기를 따라 10개가 넘는 도시국가들을 세웠으며, 농작물을 보관하는 창고도 만들고, 상하수도 시설과 수세식 화장실도 만들었어요. 그리고 농작물을 실어 나르는 수레도 발명했답니다.

첨단 문명을 만든 수메르 인들

어떤 역사학자는 수메르 인들이 우주인들의 자손이며, 그들이 이집트 기자의 대 피라미드를 건설했다고 주장해요. 수메르 인들이 남긴 문화 유산이 너무나 대단하기 때문이에요. 그래서 겨우 석기를 사용하던 원시 시대 사람들이 만들어 냈다고 생각하기에는 어렵다고 보았지요. 그래서 우주인들이 만든 것이라고 생각해야만 이해될 수 있다고 생각한 거예요. 그렇지만 대부분의 역사학자들은 그 말을 믿지 않아요. 수메르 인들이 이룩한 문명은 오랜 시간에 걸쳐 발전해 온 것이라고 생각하고 있답니다.

7. 수메르 인들은 도시에서 가장 좋은 자리에 신전을 지어 추수한 곡식과 값비싼 보석들을 바치며 농사가 잘되게 해 달라고 제사를 올렸어요. 그리고 농작물의 생산량이 늘어나자 수확물을 기록할 기호도 만들었지요. 이렇게 해서 알곡의 모양을 닮은 '보리', 사람의 입과 빵을 닮은 '먹는다'는 기호가 생겨났어요.

8. 이런 기호들이 발전해 마침내 쐐기문자가 만들어졌어요. 수메르 인들은 이 문자들을 점토판에 기록했어요. 나중에 점토판의 문자들이 판독되자, 메소포타미아 문명의 사회제도는 물론, 수메르 인들의 일상생활까지 짐작할 수 있게 되었지요.

수메르 인들이 세운 도시국가

수메르 인이 세운 대표적인 도시는 키시, 우루크, 우르예요. 세 곳 모두 강력한 도시국가가 되어 고대 메소포타미아 지역의 중심 국가가 되었지요. 키시는 지금의 이라크 남중부에 있는 텔 알 우하이메르에 해당해요. 우루크는 길가메시가 세운 왕조인데, 우르의 북서쪽에 위치한 도시랍니다. 우루는 유프라테스 강 하류에서 서쪽으로 약 16킬로미터 떨어진 곳에 있었는데, 지금은 텔 알 무카이야르라는 곳이에요. 도시국가들은 대체로 수로와 경계석으로 둘러싸여 있고, 중앙에는 도시의 수호신이나 수호여신을 모시는 사원이 있어요. 그리고 그곳은 '엔시'라고 불리는 성직자나 '루갈'이라고 불리는 왕이 통치했어요.

도시문명을 꽃핀 바빌로니아 왕국

1 기원전 2350년 무렵에 셈 족의 사르곤 대왕은 아카드 인들을 모아 나라를 세우고, 수메르 인들이 메소포타미아에 세운 도시국가를 정복했어요. 그리고 최초로 통일국가를 건설했지요. 그 나라를 '아카드 왕국'이라고 불러요. 사르곤 대왕은 수메르 인들이 발명한 쐐기문자를 쓰고 보급하는 등 수메르 문명을 적극적으로 받아들였어요. 그러나 아카드 왕국은 오래 번성하지 못하고 셈 족의 아모리 인들에게 멸망하고 말았지요.

바벨탑을 세운 바빌로니아 인

'같은 언어를 쓰는 무리들이 하늘 꼭대기까지 성을 쌓으려고 하자, 여호와가 그들의 교만을 꺾기 위해 언어를 다르게 만들었다. 그들은 서로 말을 알아들을 수가 없어서 성 쌓는 것을 중단했는데, 그 성의 이름을 바벨이라고 했다.'는 내용이 《구약성서》 창세기편에 나와요. 역사학자들은 《구약성서》에 나오는 바벨탑을 메소포타미아에 있는 지구라트(고대의 성탑) 중 하나가 아닐까 추측하고 있어요.

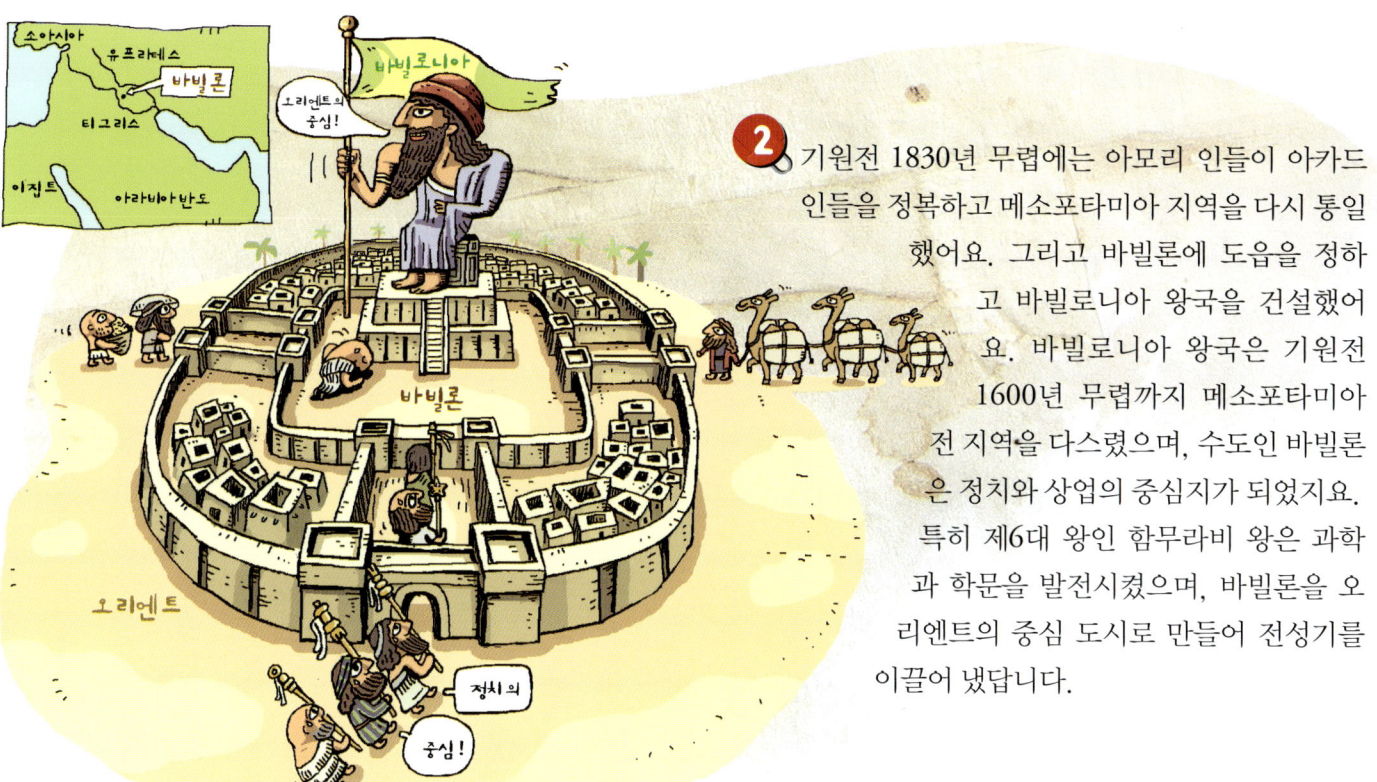

② 기원전 1830년 무렵에는 아모리 인들이 아카드 인들을 정복하고 메소포타미아 지역을 다시 통일했어요. 그리고 바빌론에 도읍을 정하고 바빌로니아 왕국을 건설했어요. 바빌로니아 왕국은 기원전 1600년 무렵까지 메소포타미아 전 지역을 다스렸으며, 수도인 바빌론은 정치와 상업의 중심지가 되었지요. 특히 제6대 왕인 함무라비 왕은 과학과 학문을 발전시켰으며, 바빌론을 오리엔트의 중심 도시로 만들어 전성기를 이끌어 냈답니다.

최초의 성문법, 함무라비 법전

바빌로니아를 크게 발전시킨 함무라비 왕은 아모리 인의 관습법과 수메르, 아카드의 법률 중에서 좋은 법률만 뽑아 '함무라비 법전'을 펴냈어요. 함무라비 법전은 모두 282개 조항으로 되었는데 토지, 재산, 결혼, 상속, 범죄 등에 대한 규정이 있었어요. '눈에는 눈, 이에는 이'라는 규정에서 알 수 있듯이, 죄를 지은 만큼 돌려받거나 벌을 무겁게 물리는 것이 원칙이었어요. 하지만 귀족, 평민, 노예 등 신분에 따라 법을 다르게 적용하기도 했답니다.
현대의 법과는 많이 달랐지만, 법체계를 갖춘 최초의 성문법이며, 문서의 형식을 갖춰 공포된 최초의 법률이에요.

함무라비 법전은 어디에?

1901년 프랑스 탐험대가 페르시아(지금의 이란)의 고대 도시 수사에서 커다란 돌기둥 하나를 발견했어요.
돌기둥 윗부분에는 함무라비 왕이 태양신으로부터 이 법전을 받는 모습이 새겨져 있었어요. 돌기둥의 아랫부분에는 촘촘하게 쐐기문자가 새겨져 있었는데, 해독한 결과 법률 조항이라는 것을 알게 되었어요. 함무라비 법전은 바빌론을 정벌한 페르시아의 엘람 인이 노략질해 간 것을 다시 프랑스 인들이 발견해 가져갔어요. 그래서 지금은 프랑스 루브르 박물관에 소장되어 있답니다.

강력한 아시리아 제국

함무라비 왕이 물러난 뒤부터 바빌로니아는 점차 쇠퇴해 갔어요. 곳곳에서 반란이 일어나는 등 어려움을 겪다가 기원전 1530년 무렵, 동쪽의 산악 지대에 살던 카시트 인들과 소아시아 지역에 살던 히타이트 인들의 침입을 받아 멸망하고 말았어요.

그리고 카시트 인들이 메소포타미아의 새로운 주인이 되었지요. 그 뒤 이 지역은 분열과 혼란을 계속하다가, 아시리아 왕국이 메소포타미아의 새로운 주인으로 등장한답니다.

아시리아는 어떤 나라인가?

아시리아는 메소포타미아를 비롯해 오리엔트를 최초로 통일한 나라예요. 오리엔트는 인도의 인더스 강 서쪽에서 지중해 연안까지 펼쳐진 지역을 가리키지요. (즉 이란, 메소포타미아, 시리아, 팔레스타인, 아르메니아, 소아시아, 아라비아, 이집트를 포함한 지역을 말해요.) 아시리아는 소아시아에서 무역을 하며 세력을 키우고, 약한 민족을 힘으로 정복해 막강한 전투력과 우수한 철제 무기, 전차, 기병을 손에 넣지요. 기원전 7세기 중엽에는 메소포타미아와 이집트를 포함한 오리엔트를 통일한답니다.

이스라엘의 멸망

유일신을 믿는 이스라엘 민족은 기원전 11세기 다윗 왕 때에 왕국이 커지면서 솔로몬 왕 대에 번영을 누렸어요. 하지만 솔로몬 왕이 죽은 뒤로 북부의 이스라엘과 남부의 유다 왕국으로 분열되었다가, 기원전 722년에 아시리아에게 멸망하고 말아요.

아시리아를 멸망시킨 신바빌로니아

아시리아는 강한 힘을 가지고 있었지만, 힘으로 식민지 백성들을 누르고 무거운 세금과 병역을 부과했지요. 이 때문에 식민지 백성들은 곳곳에서 반란을 일으켰어요. 결국 새롭게 등장한 신바빌로니아와 메디아 왕국이 아시리아 제국을 공격했어요. 아시리아 제국의 수도 니네베는 기원전 612년 함락되며 멸망하고 말았답니다.

신바빌로니아는 어떤 나라인가?

아시리아가 무력으로 식민지를 탄압하자, 식민지의 백성들은 점점 심하게 반발했지요. 그 무렵에 칼데아 출신의 총독인 나보폴라사르가 아시리아에 대항해 반란을 일으켜 신바빌로니아 왕국을 세웠어요.

나보폴라사르는 아시리아의 수도 니네베를 공격하던 중에, 아시리아를 도우려는 이집트 군의 움직임을 알아차렸어요. 그래서 가자 지구에서 이집트 군을 크게 물리치고, 니네베를 계속 공격해 아시리아를 멸망시켰답니다.

신바빌로니아는 고(古)바빌로니아를 계승한 왕국으로, 종족은 칼데아 인이었어요.

바빌론 유수란?

네부카드네자르 2세 때에 신바빌로니아는 전성기를 맞이했어요. 네부카드네자르 2세는 아시리아의 속국이었던 유대 왕국에 침입해 수도인 예루살렘을 함락시키고, 상류 계층의 유대 인들을 바빌론에 포로로 데려갔어요. 이 사건을 '바빌론 유수'라고 해요. 유수는 포로로 잡아 가둔다는 말이지요.

메소포타미아의 영광은 어디로?

그렇지만 신바빌로니아는 함께 아시리아를 무너뜨렸던 메디아에게 멸망해요. 그리고 기원전 500년 무렵에 반란을 일으킨 페르시아에게 멸망하고 말지요. 이렇게 해서 메소포타미아 문명의 영광은 이란 지역으로 넘어가게 됩니다. 하지만 페르시아가 마케도니아의 알렉산드로스 대왕이 이끄는 그리스 군대에게 무릎을 꿇으면서 세계의 중심은 그리스로 옮겨 가지요.

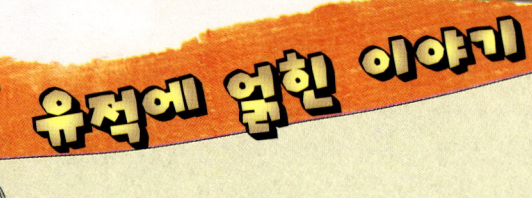

유적에 얽힌 이야기

바빌론의 공중정원

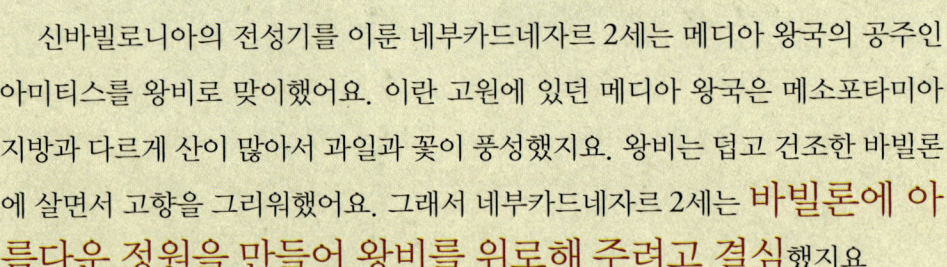

신바빌로니아의 전성기를 이룬 네부카드네자르 2세는 메디아 왕국의 공주인 아미티스를 왕비로 맞이했어요. 이란 고원에 있던 메디아 왕국은 메소포타미아 지방과 다르게 산이 많아서 과일과 꽃이 풍성했지요. 왕비는 덥고 건조한 바빌론에 살면서 고향을 그리워했어요. 그래서 네부카드네자르 2세는 **바빌론에 아름다운 정원을 만들어 왕비를 위로해 주려고 결심**했지요.

왕의 명령으로 바빌로니아에서 가장 뛰어난 건축가, 기술자, 조각가 등이 모여 왕궁 가운데 있는 광장에 정원을 짓기 시작했어요. 그들은 가로와 세로가 각각 400미터, 높이 15미터의 토대를 세우고 그 위에 계단식 건물을 세웠어요. 오늘날 30층 빌딩 정도 되는 어마어마한 높이였지요.

한 층이 만들어지면 그 위에 기름진 흙을 깔고, 넓은 발코니에 화단을 꾸며 꽃과 풀, 과일이 주렁주렁 열리는 나무들을 심었어요. 그런데 비가 거의 오지 않는 곳에서 큰 정원에 물을 대는 일은 여간 큰 문제가 아니었어요. 그래서 왕은 정원의 맨 위에 커다란 물탱크를 만들어 유프라테스 강의 물을 펌프로 길어 올리게 했답니다. 그리고 그 물을 다시 펌프로 길어 올려 각 층마다 물을 주게 했고, 그때그때 물뿌리개로 물을 뿌리게 했어요. 그래서 정원은 항상 푸르러 멀리서 바라보면 풀과 나무로 뒤덮인 작은 산과 같았지요. 게다가 평야 지대에 불쑥 솟아 있어서, 사람들은 이 정원을 '공중정원' 이라고 부르게 되었답니다. 그렇지만 안타깝게도 지금은 기록만 전해질 뿐이랍니다.

특징과 흔적

메소포타미아 문명의 특징

- 큰 강 주변에서 문명이 싹텄다.
- 강이 흘러넘친 덕분에 토지가 기름져서 농사짓기에 아주 좋았다.
- 여러 신들을 믿었다.
- 자유롭게 드나들 수 있는 지형이었기 때문에 여러 나라가 메소포타미아를 다스렸다가 사라져 갔다.
- 법률과 상업이 발달했다.
- 태음력(달이 지구를 한 바퀴 도는 시간을 기준으로 만든 역법)을 사용했다.
- 쐐기문자를 사용했다.

메소포타미아 문명의 흔적

하트라 사원

지구라트

함무라비 법전비

쐐기문자로 기록된 점토판

메소포타미아 문명 21

길가메시 서사시

〈길가메시 서사시〉는 고대 바빌로니아의 서사시예요. 기원전 3000년 무렵 메소포타미아의 도시국가 우루크를 다스렸던 위대한 왕의 이야기이지요. 기원전 2000년 무렵에 쓰여진 가장 오래된 서사시랍니다.

길가메시는 메소포타미아의 도시국가 우루크의 지배자였어요. 그는 나라를 매우 포악하게 다스렸어요.

그래서 신들은 엔키두를 길가메시와 대적할 상대로 삼았어요.

이 일을 안 길가메시는 엔키두에게 여인을 보내 그를 유혹하게 했어요. 엔키두는 여인에게 정신이 팔려 버렸답니다.

그러자 신들이 화를 내며 엔키두를 혼냈어요.

엔키두는 신들의 뜻대로 길가메시와 결투하지만, 오히려 둘은 친한 친구가 되고 말았지요.

엔키두와 길가메시는 함께 숲속의 괴물을 찾아 모험을 떠나요. 그리고 괴물 훔바바를 무찔렀어요.

그러던 어느 날 이슈타르 여신이 길가메시에게 반해 청혼했어요. 그가 거절하자 화가 난 여신은 길가메시를 혼내 주려 했지요.

하지만 길가메시와 엔키두가 여신이 보낸 황소까지 처치해 버리자, 여신은 엔키두에게 저주를 내려 몹쓸 병에 걸려 죽게 했어요. 길가메시는 크게 슬퍼하며 죽지 않는 비결을 찾아 길을 떠났어요.

그러다가 성자의 섬에 사는 우트나피시팀을 만나, 옛날 신이 일으켰던 대홍수 이야기를 들었지요. 그리고 불로초를 바다에서 캐는 방법을 알게 되었어요.

길가메시가 드디어 불로초를 캐어 돌아가는 길에 잠시 쉬던 중 뱀이 그 불로초를 먹고 말았어요. 길가메시는 슬퍼하며 고향으로 돌아가야만 했답니다.

2. 기하학과 건축술이 발달했던 이집트 문명
(기원전 3500년경~기원전 30년경)

이집트 문명은 나일 강 하류에 있는 비옥한 토지에서 싹텄어요. 나일 강이 흘러넘쳐서 상류에 있던 비옥한 퇴적물이 하류로 흘러와 쌓였지요. 그 덕분에 강 주변이 기름졌고 일찍 농경이 발달하게 되었어요. 이집트 인들은 해마다 나일 강의 물난리를 겪었지만, 홍수가 규칙적으로 일어났기 때문에 시기를 예측할 수 있었고 농사짓는 시기도 조절할 수 있었어요. 그래서 태양력, 기하학, 건축술, 천문학이 일찍 발달했어요.
이집트는 사막과 바다로 둘러싸여 있어서 외부의 침입 없이 3,000년 동안 자신들만의 문화를 지켜 왔어요. 하지만 다른 문명의 영향을 덜 받은 탓에 메소포타미아 문명보다 정치와 문화의 특성이 단조롭답니다.

이집트 문명은 나일 강의 선물이다

이집트 문명 시대와 맞지 않는 한 사람을 찾아보세요.
(정답 147페이지)

사막과 바다로 둘러싸여 있어서 사람들이 살기 힘든 곳이 있었어요. 그런데 일 년 중 넉 달 동안 비가 계속 오더니 마른 사막에 기름진 땅이 생겼지요.

그러자 사막에서 떠돌아다니며 살던 사람들은 기름진 땅으로 모여들어 홍수의 시기를 예측해 농사를 짓기 시작했어요. 점차 인구도 늘어나 강 위쪽과 아래쪽에 나라가 세워졌지요.

기원전 3100년쯤에는 두 나라를 다스리는 막강한 통치자가 나타나면서 사람들은 멋진 집과 건물도 짓고, 문자도 만들고, 기술도 발달시켜 독특한 문명을 일구어 냈어요. 그 문명이 바로 이집트 문명이에요. 그리고 이집트 문명이 싹틀 수 있게 기름진 땅을 선물로 준 것은 바로 나일 강이랍니다.

문명의 기초를 세운 고왕국 시대

① 아프리카 북동부 지방에 몇 달씩 비가 내리자, 나일 강 상류의 강물이 불어나 하류로 흘렀어요. 그리고 하류 주변이 물에 잠기게 되었지요. 하지만 물이 빠지자 기름진 땅이 생겨나 사람들이 모여들어 농사짓기 시작했어요. 기원전 8000년에서 기원전 6000년쯤에 일어난 일이에요.

② 기원전 4000년쯤에 나일 강을 따라 모여들어 부족을 이룬 사람들이 강 중류와 하류를 중심으로 연합해 부족국가를 만들었어요. 그래서 나일 강 중류에 연합한 부족국가를 '상(上) 이집트'라고 하고, 하류에 연합한 부족국가를 '하(下) 이집트'라고 해요. 두 부족국가는 서로 다른 종교와 문화를 만들어 갔어요.

③ 그런데 상 이집트에는 강변이 점점 사막화가 되어 농사지을 토지가 줄어들었어요. 그렇지만 하 이집트에는 상류와 중류에서 흘러온 강물과 진흙이 부채꼴 모양으로 퍼져 기름진 땅이 생겼지요. 그 후 1000년 동안 상하 이집트는 서로를 적으로 여기고 경쟁하며 살았어요.

④ 기원전 3000년 무렵에 상 이집트의 메네스 파라오(왕)가 상하 이집트를 통일하고 멤피스에 수도를 정했어요. 그리고 상하 이집트의 서로 다른 문자 체계를 '히에로글리프'라는 상형문자를 만들어 통일했으며, 배수로를 만들어 나일 강의 홍수를 조절했지요.
메네스의 다음 파라오인 아하는 강 상류 지방인 누비아를 토벌하는 데 힘을 쏟았어요. 이 두 파라오를 묶어 '초기왕조 시대'라고 해요.

⑤ 제3왕조가 시작된 기원전 2700년 무렵부터 제6왕조가 막을 내린 기원전 2180년 무렵까지를 '고왕국 시대'라고 하는데, 이때 모두 7명의 파라오가 나라를 다스렸어요. 제3왕조의 2대 파라오인 조세르는 처음으로 계단식 피라미드를 건설했고, 제4왕조의 2대 파라오인 쿠푸는 기자에 거대한 피라미드를 세웠지요. 쿠푸의 아들 카프라는 스핑크스를 세웠어요. 파라오는 인간인 동시에 신과 같은 존재이며, 절대적인 권력을 휘둘렀지요.

상형문자와 파피루스

이집트는 고왕국 시대 전부터 문자를 만들어 썼어요. 바로 물건의 모양을 본떠 만든 '상형문자'였지요. 처음으로 이집트를 통일한 메네스는 '히에로글리프'라는 상형문자를 만들어 문자 체계를 통일했는데, 그 문자를 '신성문자'라고 하며 신전 기둥이나 벽, 오벨리스크 같은 곳에 새겼어요. 그리고 신성문자의 윤곽을 흩뜨려서 쓴 문자는 '신관문자'라고 하는데, 주로 파피루스에 문자를 흘려 쓸 때 사용했어요. 신성문자를 간략하게 풀어서 쓴 문자도 있었는데, 백성들이 주로 사용해서 '민중문자'라고 해요.
파피루스는 나일 강 습지대에서 자라던 풀인데, 이집트 인들은 파피루스의 껍질을 눌러서 말린 뒤 거기에 갈대 펜으로 문자를 적었어요. 지금의 종이처럼 말이지요. 종이를 뜻하는 영어 '페이퍼(paper)'는 바로 '파피루스(papyrus)'에서 생겨난 말이랍니다.

❻ 헬리오폴리스의 아들인 우세르카프는 제5왕조를 세웠어요. 제5왕조는 오시리스를 대신해서 태양신 라를 숭배했으므로 태양신을 위해 신전을 건축했고 시리아, 누비아 등으로 원정을 가기도 했어요. 하지만 절대적이었던 파라오의 힘이 점점 약해지기 시작했지요.

❼ 기원전 2345년에서 기원전 2181년까지 이어진 제6왕조 때에는 파라오의 권력이 완전히 약해지고 혼란이 계속되었어요. 그러다가 제6왕조의 마지막 왕인 페피 2세가 후계자 없이 죽자, 나라는 분열되었어요. 그리고 기원전 2181년에서 기원전 2040년 무렵까지 제7왕조에서 제10왕조로 이어지는 140년 동안 혼란스러운 시기를 겪게 되지요. 이때를 '제1중간기'라고 해요.

불가사의한 피라미드

정사각뿔 모양의 피라미드는 고왕국 제4왕조 때부터 만들어진 파라오들의 무덤이에요. 그중에서 쿠푸 왕의 무덤으로 알려진 대 피라미드가 특히 유명해요. 쿠푸 왕의 피라미드가 있는 기자에는 쿠푸 왕의 아들과 손자의 피라미드 2기, 왕비의 무덤이라는 작은 피라미드 6기도 있어요. 이들을 합쳐 '기자의 피라미드'라고도 하지요. 대 피라미드는 세계의 중심에 서 있고, 현대의 기술로도 재현하기 어려울 정도로 정밀하게 만들어져 세상을 놀라게 했어요. 특히 쿠푸 왕이 묻힌 '왕의 방'은 황금비율에 따라 만들어져서 더욱 세상을 깜짝 놀라게 했지요.
'왕의 방'은 피라미드 밑면에서 꼭짓점 사이의 전체 거리 중 3분의 1 지점에 위치해 있는데, 녹슨 면도날을 재생시키고 달걀이 상하는 것을 막는 등 신기한 '피라미드 효과'를 일으킨 곳이에요. 가로와 세로의 비율은 1 : 1.618, 즉 황금비로 이루어졌지요.

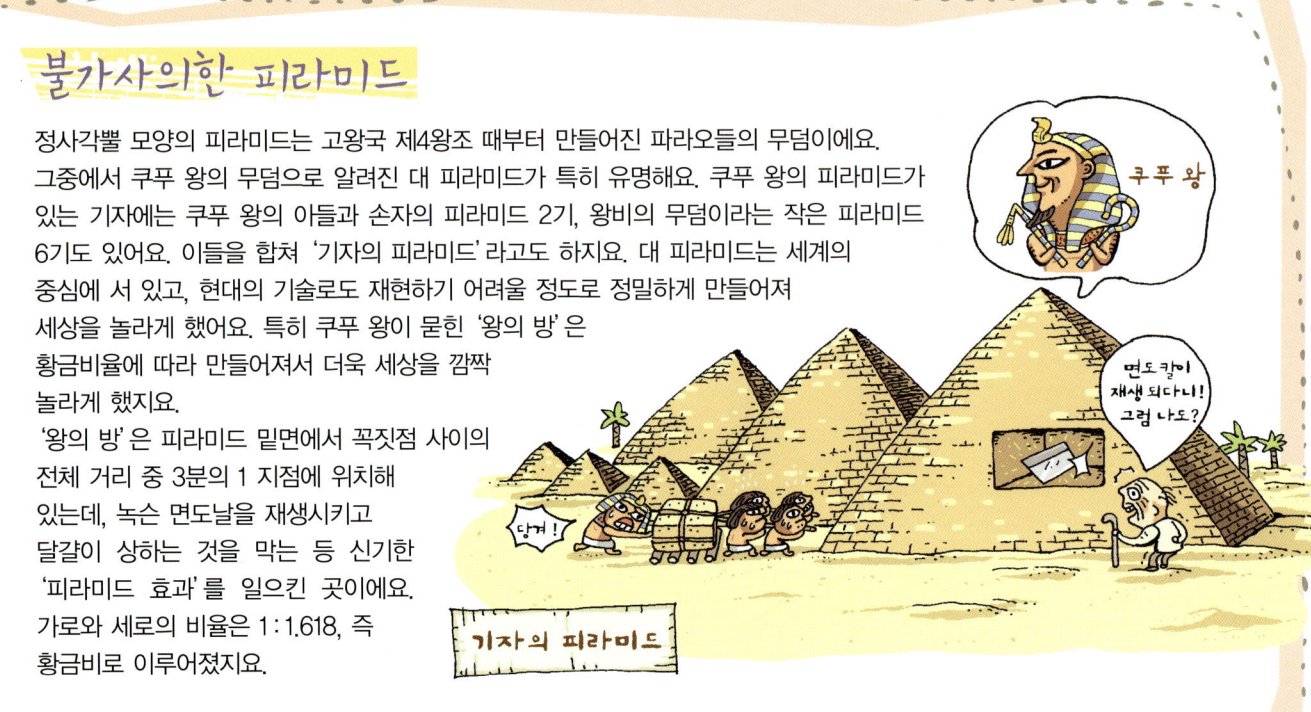

*황금비 - 기원전 4세기경 고대 그리스에서 처음 발견됐다고 알려진 비율인데, 사람들의 눈에 가장 조화롭게 느껴진다고 여겨져요. 그래서 그리스 건축, 조각, 회화 등 예술 분야에서 많이 활용되었어요.

대 신전을 세운 중왕국 시대

1. 이집트는 혼란한 시기를 지나 다시 하 이집트와 상 이집트로 나누어졌어요. 두 왕국은 다시 으르렁대다가 기원전 2060년 무렵에 상 이집트의 멘투호테프 2세가 하 이집트의 수도를 점령해 이집트를 다시 통일했지요. 이때부터를 '중왕국 시대'라고 해요.

2. 멘투호테프 2세는 누비아, 리비아, 시리아, 시나이 원정에 성공하고 51년 동안 통치하며 파라오의 권위를 다시 찾았어요. 하지만 멘투호테프 4세 때 원정대 대장이었던 아메넴헤트라는 지방 귀족이 원정에서 돌아와 멘투호테프 4세를 몰아내고 파라오가 되어 제12왕조를 열었지요.

중왕국의 수도, 테베

이집트 중왕국 시대의 수도는 테베였어요. 테베는 지금의 카이로에서 남쪽으로 660여 킬로미터 떨어져 있는 룩소르 옆에 있어요. 중왕국 이후 신왕국까지 1,000년 동안이나 이집트의 정치와 종교, 문화의 중심지였지요. 나일 강을 사이에 두고 서쪽으로 테베, 동쪽으로는 네크로폴리스가 있어요. 테베는 '왕가의 계곡'이라는 왕들의 무덤지로 유명하고, 네크로폴리스는 귀족들의 무덤이 있는 고대 유적지로 알려져 있어요. 두 곳을 한데 묶어서 유네스코는 세계문화유산으로 지정했답니다.

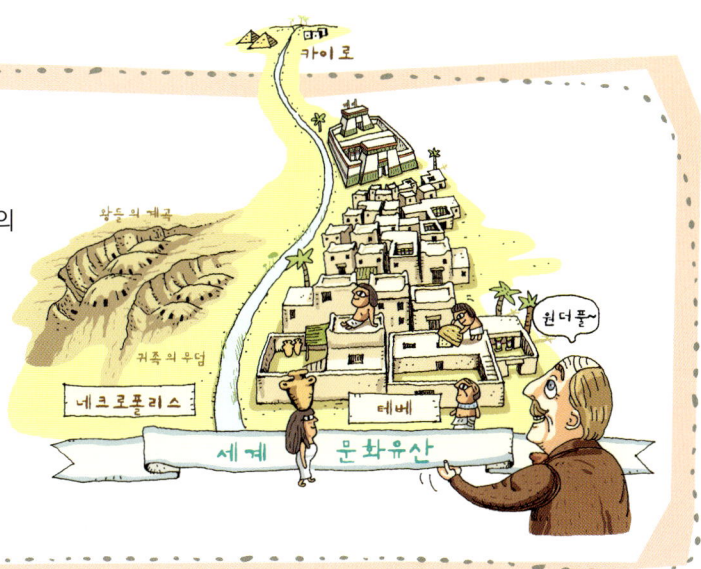

이집트 문명 29

❸ 아메넴헤트 1세는 맏아들 세소스트리스 1세를 새로운 왕으로 임명해 지방 귀족들을 감시하게 했으며, 아메넴헤트 1세와 세소스트리스 1세는 서쪽과 남쪽으로 영토를 더욱 넓혀 갔어요. 세소스트리스 1세는 건축에 관심이 많아 이집트의 유적지들을 새로 단장했으며, 헬리오폴리스에게 거대한 신전을 짓고 그곳에 오벨리스크 한 쌍을 세웠어요.

❹ 세소스트리스 3세와 아메넴헤트 3세로 제12왕조가 이어지면서, 중왕국 시대 최대의 번영을 맞았어요. 그렇지만 아메넴헤트 3세가 죽고 아메넴헤트 4세에 이어 세베크네프루 여왕이 파라오가 되자, 이상기후가 나타나기 시작해 나라가 혼란에 빠졌답니다.

대규모 토목 사업

중왕국 시대 세소스트리스 3세는 누비아를 지배했으며, 여러 곳에 성과 요새를 지었어요. 그리고 아메넴헤트 3세는 이집트 본국에 댐과 관개용 수로를 만들었으며, 이집트의 북동부 나일 강 기슭에 있는 파이윰 지방을 개척해 농사지을 땅을 넓히기도 했답니다.

❺ 이집트 인들은 이상기후의 책임을 파라오에게 돌렸고, 결국 제12왕조가 무너지고 기원전 1785년 무렵에 제13왕조가 들어섰어요. 하지만 이상기후는 계속되었고 혼란도 그치지 않았어요. 이집트에 들어와 살던 아시아 민족들이 곳곳에서 반란을 일으켜, 파라오가 누구인지 모를 정도로 왕국이 분열되었어요. 이때부터 기원전 1550년 무렵에 제18왕조가 다시 이집트를 통일하기까지를 '제2중간기'라고 해요.

백성들의 힘이 컸던 중왕국 시대

중왕국 시대에는 특히 백성들의 힘이 컸어요. 백성들은 귀족들을 대신해 관리가 되기도 했고, 농노에서 자유민으로 될 수 있었어요. 그래서 왕이나 귀족들뿐 아니라 백성들도 미라가 되어 공동묘지에 묻힐 수 있었답니다. 또한 백성들이 쉽게 쓸 수 있는 민중문자가 많이 사용되어 문학(산문)이 가장 발달하기도 했어요. 이 시기에 쓰여진 《시누에의 이야기》라는 작품은 이집트 문학의 최고 걸작으로 꼽힌답니다. 악기인 시스트룸도 중왕국 시대부터 발견이 되는데, 시스트룸은 풍요의 여신 아이시스의 예배 때 사용된 악기에요. 자루가 달린 말발굽 모양의 금속 틀에 헐겁게 끼운 쇠막대나 고리를 흔들어 울려 소리를 내요. 이집트의 통치자를 일컫는 '파라오'라는 명칭도 중왕국 시대의 아메넴헤트 4세 이후에 왕을 직접적으로 가리키는 말이 되었다고 해요.

이집트 문명 31

최고의 번성기, 신왕국 시대

① 아시아 민족인 힉소스 인들이 시리아에서 국경을 넘어 분열된 이집트 왕국으로 침입해 왔어요. 힉소스 인들은 이집트 인들이 본 적도 없는 청동 무기를 들고, 말이 끄는 전차를 앞세워 순식간에 하 이집트를 점령했지요.

② 하 이집트를 점령한 힉소스 인들은 제14왕조를 몰아내고 자신들이 파라오가 되어 제15왕조 시대를 열었어요. 그리고 세력을 키워 시나이 반도와 팔레스타인까지 지배했으며, 제17왕조 때인 기원전 1650년 무렵에 상 이집트까지 정복했답니다.

청동기 문화가 들어오다

힉소스 인들의 침입을 받아 중왕국 시대가 막을 내렸지만, 아시아 인들의 지배를 받는 동안에 이집트에는 새로운 문물이 흘러들어 왔어요. 청동기와 함께 도자기 만드는 법, 베 짜기 등 다양한 기술이 전해져 생활에 변화가 생겼으며, 새로운 품종의 곡물과 곡식이 들어오기도 했어요. 또 전쟁 때에는 청동으로 만든 새로운 무기와 함께 전차와 말이 등장했어요.

③ 테베의 여러 파라오들이 힉소스의 지배에서 벗어나기 위해 투쟁했어요. 결국 제18왕조의 아모세가 힉소스 세력을 몰아내고 상하 이집트를 다시 통일해 신왕국 시대를 열었지요. 중왕국 시대의 세소스트리스 3세가 다스리던 이집트 영토도 모두 되찾았고요.

④ 제18왕조의 아멘호테프 1세는 예술 활동에 힘을 쏟았고, 왕가의 계곡에 묻힌 첫 파라오가 되었어요. 하트셉수트 여왕은 신전을 화려하고 웅장하게 세우는 전통을 만들었으며, 투트모시스 3세는 여러 차례의 원정에서 승리하여 아프리카와 아시아 지역으로 영토를 넓혔어요.

파라오들이 잠든 왕가의 계곡

이집트 나일 강 중류 룩소르의 서쪽 교외에는 신왕국 시대의 왕들의 무덤이 있어요. 왕들의 무덤이 도굴꾼들의 손에 파헤쳐지자, 신왕국 시대의 왕들은 눈에 잘 띄지 않는 골짜기 벼랑이나 바위틈에 무덤을 만들었어요. 그곳이 바로 '왕가의 계곡'이에요. 투트모시스 1세부터 람세스 11세에 이르는 신왕국 제18, 19, 20왕조의 많은 왕들이 여기에 묻혔지요. 그렇지만 안타깝게도 1922년에 발굴된 투탕카멘의 무덤을 제외하고는, 모든 무덤들이 도굴되어 유물은 물론 왕의 미라조차 남지 않았답니다.

이집트 문명 **33**

❺ 신왕국은 기원전 1370년 무렵에 파라오가 된 아멘호테프 3세 때 절정기를 맞이했어요. 아멘호테프 3세는 테베의 신 '아문'과 아내인 '무트'를 위해 거대한 신전을 짓고, 여러 곳에 신전을 세웠어요. 황금가면의 유물로 유명해진 투탕카멘도 제18왕조의 파라오였지요.

아멘호테프 3세

제19왕조

❻ 투탕카멘이 18세의 나이로 죽자, 군인 출신의 호렘 헤브가 왕위에 올랐어요. 그는 델타의 요새 사령관으로 있던 람세스 1세를 후계자로 삼았지요. 람세스 1세가 왕위에 오르며 제18왕조는 막을 내리고 제19왕조가 문을 열었답니다.

아멘호테프 3세와
룩소르 신전

신왕국 시대 제18왕조 아멘호테프 3세는 백성들을 잘 다스리고 나라 살림을 잘해서 안정과 번영을 이룬 파라오였어요. 재상을 2명 두어 한 사람은 파라오를 대신해 하 이집트에서 백성들을 다스리게 했고, 또 한 명은 상 이집트에서 파라오를 직접 모시며 나랏일을 보게 했지요. 또한 그는 룩소르 신전을 다시 세우기도 했어요. 당시의 수도였던 테베를 수호하는 신 아몬과 신의 아내 무트, 그리고 신의 아들 코스를 위한 신전이었지요.

람세스 2세

❼ 람세스 1세의 아들 세티 1세가 파라오가 되어 아시아 지역의 영토를 되찾았어요. 그리고 세티 1세의 아들 람세스 2세는 약 67년 동안 파라오로 있으면서 테베에 장례 사원과 카르나크 신전, 아부심벨 신전 등을 지었지요.

❽ 제20왕조부터 신왕국의 운명이 기울기 시작해 람세스 6세와 7세를 거치면서 거의 무너졌어요. 기원전 1085년 무렵에 다시 상하 이집트로 나뉘었고, 나라는 혼란에 빠져 제20왕조로 신왕국 시대가 막을 내렸답니다. 그 후 페르시아와 아시리아 인의 침입을 받다가 기원전 332년에 알렉산드로스 대왕이 이집트를 정복해 그리스 출신의 프톨레마이오스 왕가가 이집트를 다스리게 되었어요. 그러면서 이집트는 헬레니즘 문명을 받아들이며 사라지게 되었답니다.

헬레니즘 문화

람세스 2세와 아부심벨

신왕국의 제19왕조 3대 파라오인 람세스 2세는 기원전 1279년부터 기원전 1213년까지 66년간 왕위에 있으면서 소아시아 강대국인 히타이트 왕국과 16년간 전쟁을 벌였어요. 하지만 휴전하여 아시아 진출을 포기했지만 수많은 건축물을 남겼어요. 지금 이집트에 남아 있는 건축물들 중 절반 정도는 람세스 2세가 남긴 거예요. 그중 아부심벨과 룩소르 신전이 가장 대표적인 건축물이지요. 너무 많은 건축물을 세우는 데 힘을 써서 그런지, 그 이후부터 신왕국은 쇠퇴의 길을 걷게 되었어요.

이집트 문명 35

신왕국 파라오들이 묻힌 왕가의 계곡

이집트 신왕국 제18왕조의 3대 파라오였던 투트모시스 1세는 군대를 보내 누비아의 일부를 점령했고, 다시 아시아에 군대를 보내 유프라테스 강까지 손에 넣었어요. 그리고 강력한 군대로 주변의 여러 민족과 나라를 식민지로 삼아 큰 번영을 이루었어요.

그런데 그런 그에게 큰 걱정거리가 있었어요. 바로 자신의 무덤을 어디에 만들면 좋을까 하는 것이었어요. 이집트에서는 파라오가 죽으면 미라로 만들어 피라미드에 묻었답니다. 하지만 아무리 피라미드를 거대하게 만들고, 그 안에 비밀의 방을 만들어 놓아도 도둑들은 무덤 속으로 들어가 보물을 훔쳐 가기 일쑤였어요. 그래서 투트모시스 1세는 자신의 무덤을 비밀 장소에 만들기로 했지요. 그 장소는 바로 인적이 뜸한 깊은 골짜기의 벼랑 틈이었어요.

그는 마땅한 곳을 오랫동안 찾다가 신왕국의 수도인 테베의 남쪽 외곽 지역에서 한 계곡을 발견했지요. 가장 믿을 만한 신하에게 골짜기 벼랑 틈에 무덤을 만들게 했어요. 신하는 비밀리에 전쟁 포로들을 계곡으로 데려와 왕의 무덤을 만들었어요. 하지만 투트모시스 1세는 무덤이 완성되자 신하를 시켜 전쟁 포로들을 모두 죽였어요. 비밀이 새어 나가지 못하게 하기 위해서였지요. 투트모시스 1세는 무덤에 보물들을 차곡차곡 숨겨 놓기 시작했어요. 그리고 비밀이 새어 나갈까 봐 무덤을 만든 신하마저 죽이고 말았지요. 그러고는 다음 왕위를 잇는 파라오에게만 그 장소를 은밀히 알려 주었어요. 그 뒤로 신왕국의 왕들은 그 골짜기에 무덤을 만들었어요.

그래서 신왕국 파라오의 미라들은 3,000년 동안이나 비밀의 계곡에서 편히 잠들 수 있었어요. 1881년 이집트를 여행하던 한 미국인 골동품 수집가가 그곳을 발견해 세상에 알리기 전까지 말이에요. 그곳이 바로 '왕가의 계곡'이랍니다.

특징과 흔적

이집트 문명의 특징

- 큰 강 주변에서 문명이 생겨났다.
- 물이 크게 흘러넘쳐 토지가 비옥해졌고, 농사짓기에 좋은 조건이 갖춰졌다.
- 여러 신들을 믿었으며, 태양신 라와 부활의 신 오시리스를 숭배했다.
- 파라오가 신을 대신한다고 믿었으며, 죽은 자를 위해 피라미드와 미라를 만들었다.
- 다른 민족의 침입을 적게 받아 오랫동안 왕국을 유지했다.
- 건축술과 천문학이 발달했다.
- 태양력과 상형문자를 사용했다.

이집트 문명의 흔적

오벨리스크

스핑크스

피라미드

아부심벨 신전

파피루스에 기록된 상형문자

이집트 문명 **37**

문명 속 신화

오시리스 신화

이집트에는 세 가지 신화가 전해 오고 있어요. 세상이 어떻게 창조되고, 그들의 문명이 어떻게 만들어졌는지 알려 주는 내용이에요. 특히 고대 이집트의 문명과 종교의 중심지였던 헬리오 폴리스에서 전해 오는 신화가 오늘날 널리 알려져 있어요.

세상이 만들어지기 전에 '눈'이라고 불리는 신이 있었어요. 눈 신은 물의 상태로만 존재했지요.

눈 신은 아툼이라는 태양신을 낳았고, 아툼은 슈와 테프누트라는 신을 낳았어요. 다시 슈와 테프누트는 부부가 되어 게브와 누트를 낳았어요.

게브와 누트도 오시리스, 이시스, 세트, 네프티스 신을 낳았고, 오시리스는 누이동생인 이시스와, 세트는 네프티스와 결혼을 했답니다. 그래서 고대 이집트 왕가에서는 오빠와 여동생이 결혼하는 풍습이 생겨났지요.

여동생 이시스를 아내로 맞이한 오시리스는 방방곡곡을 다니며 농사짓는 법과 기술을 가르쳤어요.

그러나 동생 세트는 형에게서 왕위를 빼앗으려고 오시리스의 키에 맞는 관을 만들게 했지요. 이집트 인들은 죽은 뒤에도 새로운 삶을 산다고 생각해 훌륭한 관에 묻히기를 원했거든요.

세트는 그 관에 딱 맞는 사람에게 관을 주겠다고 하며, 사람들을 관 속에 들어가 보게 했어요. 오시리스가 관에 들어가자, 세트는 뚜껑을 얼른 덮고 나일 강에 관을 던졌어요. 그리고 자신이 왕이 되었지요.

관은 흘러가 레바논의 비블리스 해변가의 나무줄기에 걸렸지요. 그 나무가 궁전의 기둥으로 쓰이는 바람에 관이 있다는 게 들통 났지요.

이시스는 그 소문을 듣고 오시리스의 관을 되찾아 감췄어요. 그렇지만 세트가 다시 관을 찾아 시체를 토막 내 이집트 곳곳에 뿌렸답니다.

그러나 오시리스의 시체를 찾은 이시스는 시체를 원래의 모습으로 회복시킨 후 부활하게 했어요. 그리고 오시리스는 죽은 자들의 통치자가 되었지요.

오시리스와 이시스 사이에서 아들이 태어났는데, 바로 호루스예요. 호루스는 세트를 물리쳐 복수하고 이집트의 왕이 되었답니다.

최초의 계획도시를 만든
인더스 문명
(기원전 2500년경~기원전 1500년경)

인더스 문명은 청동기를 바탕으로 인더스 강 유역에서 번성한 고대 문명이에요. 인더스 문명을 대표하는 유적은 하라파와 모헨조다로인데, 두 도시는 대부분 구운 벽돌로 지어졌고 정교한 도로망과 하수도 시설, 목욕탕, 곡물 창고 등이 있었던 계획도시였어요.
인더스 문명 시대의 사람들은 동물들을 숭배하고, 다양한 문자가 새겨진 인장을 남겼어요. 또 농업, 축산, 공업, 수공업을 기초로 부유한 생활을 했으며 바빌로니아와도 교역을 하면서 수준 높은 문화를 남겼답니다.

인더스 강을 따라 두 도시가 생겨나 문명을 이루다

높은 산 밑에 강이 흐르고, 강을 따라 기름진 땅이 생겨나자, 사람들은 강 상류와 하류에 집을 짓고 모여살기 시작했어요.

점점 인구가 늘어나면서 마을들이 여러 개 생기자, 사람들은 어떻게 하면 편리하게 살 수 있을까 궁리했지요. 그래서 외부의 침략을 막아 줄 성벽을 쌓고, 사람과 가축들이 다니기에 편리한 도로를 만들었어요. 또 도시에 곡식을 넣는 창고와 공중목욕탕, 상하수도까지 만들어 편리하고 멋진 계획도시를 만들고 문명을 일구어 냈답니다.

그 도시는 기원전 약 2500년, 지금으로부터 약 4,500년 전쯤에 인더스 강 상류와 하류에 있던 하라파와 모헨조다로예요. 그리고 두 도시에서 발생한 문명이 인더스 문명이랍니다.

인더스 문명 시대와 맞지 않는 한 사람을 찾아보세요.
(정답 147페이지)

인더스 문명의 태동

1. 기원전 약 4000년쯤 인더스 강 유역에는 진흙을 햇빛에 말려 만든 벽돌로 집을 지어 살던 사람들이 있었어요. 그들은 염소나 양 같은 가축을 길렀으며, 보리 같은 곡식을 재배했지요.

2. 그 후 1,000년이라는 세월이 흘러 기원전 3000년쯤, 촌락을 이루고 농사를 지으며 살던 사람들은 흙을 구워 토기를 만들었어요. 그리고 곳간을 지어 곡식을 차곡차곡 쌓아 보관하기도 했어요.

3. 마음과 뜻이 맞는 촌락 사람들은 모여서 작은 도시를 만들고, 다른 부족들의 침입을 막기 위해 튼튼한 요새를 만들기도 했어요.

4. 기원전 3000년쯤에 드디어 살기 좋은 인더스 강 유역에 여러 인종과 민족들이 살기 시작했어요. 그 사람들은 지중해, 몽골, 알프스 인종 등 다양했답니다.

5. 특히 그들 중에서 신석기 시대부터 농경 문화를 발달시키고 청동 문화를 받아들인 드라비다 족의 세력이 가장 컸어요. 드라비다 족은 인더스 강 주변에 도시들을 세웠는데, 강물이 크게 흘러넘쳐서 도시가 물에 잠기고 말았어요.

6. 드라비다 족은 다시 도시를 세우면서 경험을 쌓게 된답니다. 그래서 강이 쉽게 흘러넘치지 않는 두 곳에 치밀한 계획을 세워 도시를 세우게 되지요.

7. 드라비다 족이 세운 도시들 중에서 가장 대표적인 계획도시가 인더스 강 상류의 하라파와 강 하류의 모헨조다로예요. 그들은 그곳에서 고대인의 솜씨라고 하기에 깜짝 놀랄 만큼 발달된 문명을 키웠어요.

가지를 닮은 가지무늬토기

인더스 문명이 완성되기 전에 이미 인더스 강 유역에 살고 있던 사람들은 토기를 만들어 썼는데, 대표적인 것이 가지무늬토기였어요. 그 무늬가 마치 가지 모양과 비슷해 '가지무늬토기'라고 불렸지요. 인더스 문명이 생기기 전의 사람들은 붉은색이 나는 토기와 노란색이 나는 토기를 주로 만들었으며, 토기의 겉면에는 가지색을 닮은 검은색으로 무늬를 그려 넣었어요.

인더스 문명 **43**

계획도시 하라파와 모헨조다로

1. 하라파는 인더스 상류 서쪽, 지금의 파키스탄 펀자브 지방의 몽고메리 지구라는 곳에 있었어요. 모헨조다로는 인더스 하류 서쪽, 지금의 파키스탄 신드 지방의 라르카나 지구에 있었지요. 모헨조다로는 '죽은 자의 흙무덤' 또는 '죽음의 언덕'을 뜻한다고 해요.

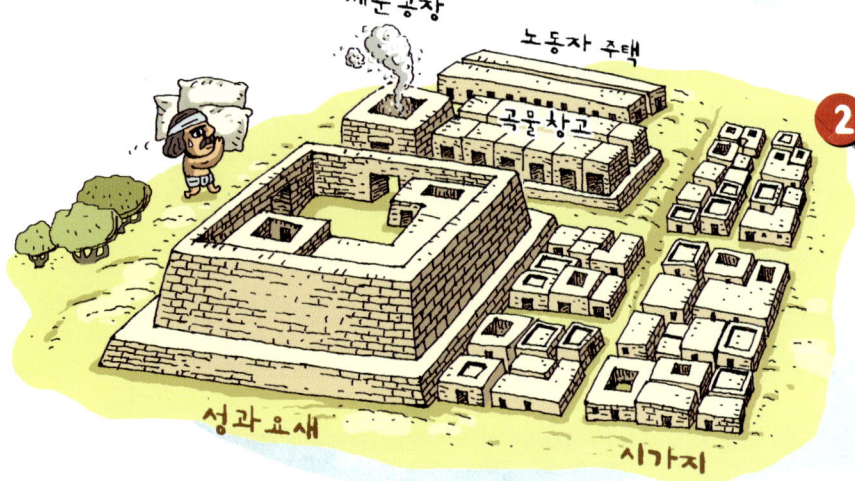

2. 하라파는 성과 요새 지역과 사람들이 살던 시가지로 나누어져 있었어요. 성과 요새 지역은 남북을 중심으로 하여 평행사변형 모양으로 만들어졌고, 북쪽과 서쪽에 문을 내고 두꺼운 성벽을 쌓았어요. 성 밖 북쪽에는 커다란 곡물 창고와 제분 공장, 노동자들이 살았던 주택이 있었을 거라고 짐작한답니다.

놀라운 계획도시

하라파와 모헨조다로 주위는 성벽으로 둘러싸여 있었고, 사방으로 뻗어 있는 포장도로 양쪽으로는 벽돌집들이 질서정연하게 늘어서 있었어요. 또한 하수도와 대중 목욕탕, 창고 같은 공공시설도 잘 갖춰져 있었지요. 즉, 자연적으로 생겨나 발전한 도시가 아니라 처음부터 철저한 계획을 갖고 만든 도시였지요. 지금의 신도시처럼 말이에요. 이렇게 철저한 계획에 따라 도시를 만들 수 있었던 것은 당시에 이미 도량형의 규격화가 되어 있었다는 것을 의미해요. 발굴된 벽돌의 크기나 자, 저울추 등을 통해 이런 사실을 짐작할 수 있답니다.

③ 모헨조다로 유적에도 성벽으로 둘러쳐진 평행사변형 모양의 성과 요새가 있었고, 동쪽으로는 시가지가 있었어요. 성과 요새 언덕 위에는 대중목욕탕, 회의장, 사원, 곡물 창고 같은 공공시설이 들어서 있었어요.

④ 모헨조다로의 대중목욕탕에서 북쪽의 작은 길 건너편에는 작은 목욕탕이 2열로 늘어서 있었어요. 대중목욕탕은 일반 시민들이 썼고, 작은 목욕탕은 제사장이 의식을 치르기 위해 목욕했던 곳이라고 짐작하고 있어요.

모헨조다로의 수세식 화장실

모헨조다로에서 발견된 화장실은 오늘날의 수세식 화장실과는 차이는 있지만, 물이 흘러가게 하고 그 위에서 배설했다는 점에서 원리는 같아요.

아파트 모양의 건물들

인더스 문명의 중심지인 하라파와 모헨조다로에는 아파트 모양의 건물도 세워졌어요. 하라파에서는 곡물 창고 옆에 있는 열네 동의 건물이 2열로 쭉 늘어서 있었고, 모헨조다로에도 시가지에 똑같은 건물이 세워져 있었지요. 이 아파트 모양의 건물은 노동자들이 살던 곳이라고 짐작하고 있답니다.

인더스 문명 **45**

❺ 대규모 대중목욕탕과 소규모 목욕탕에서 사용한 물은 지하 배수로를 통해 큰길에 나 있는 하수도로 흘러갔어요. 목욕탕뿐 아니라 성과 요새, 시가지에 있는 집집마다 하수도가 연결되어 있어서, 모헨조다로는 하수도 시설까지 갖춘 도시였지요. 한마디로 도시의 청결과 위생을 위해 뛰어난 배수시설까지 갖춘 계획도시였답니다.

목화로 옷을 만들다

인더스 문명을 일군 하라파와 모헨조다로 사람들은 관개농업(비와 호수, 강물을 이용하여 지형적으로 높은 농경지에 물을 먼저 공급한 뒤에 남는 물은 아래의 농경지로 흘려보내는 농업방법)으로 보리와 목화 등을 재배했어요. 목화를 재배했던 이유는 물레로 목화에서 실을 뽑아 베를 짜서 옷을 지어 입기 위해서였어요.

해독하지 못한 그림문자

하라파와 모헨조다로 유적에서는 청동으로 만든 물건과 아름다운 색이 칠해진 토기, 장식품 등 여러 유물이 발견되었는데, 그 중 그림문자가 새겨진 인장이 아주 많이 발굴되었어요. 그렇지만 인장에 새겨진 그림문자는 아직까지 해독하지 못하고 있어요. 그림문자를 해독한다면 인더스 문명의 역사와 모습에 대해 훨씬 많은 것을 알 수 있을 거예요.

❻ 인더스 문명을 일군 사람들은 바닷길과 육로를 통해 이란과 메소포타미아 지역까지 교역했어요. 당시 크게 발달해 있던 메소포타미아 문명과 교류했던 것이지요. 더 나아가 나일 강 유역의 도시와도 활발하게 문물을 교류했는데, 색이 들어 있는 도자기나 금은 세공품, 구리, 청동 도구 등을 사용했던 것으로 봐서 이런 사실을 알 수 있답니다.

❼ 하지만 하라파와 모헨조다로 같은 훌륭한 도시를 만들었던 인더스 문명은 안타깝게도 기원전 1700년경부터 쇠퇴하다가 기원전 1500년쯤에 아리아 인들의 침입으로 사라지고 말았어요. 그렇지만 드라비다 족이 이룬 인더스 문명이 아리아 인들의 침입 때문이 아니라, 홍수 때문에 몰락한 것이라고 주장하는 역사학자들도 있답니다.

인더스 문명을 이룬 지방 도시

하라파와 모헨조다로와 함께 인더스 문명을 이루던 지방 도시도 있었어요. 바로 '로탈'이라는 곳이었는데, 지금의 인도 서부 뭄바이 북쪽의 캄베이 만에 있었지요. 남북을 긴축으로 하는 직사각형 모양의 성벽이 둘러쳐 있고, 인더스 문명의 다른 도시들처럼 성과 요새와 시가지로 나뉘어 있었어요. 적색 토기나 회색 토기 등을 사용했으며 곡물 창고와 배를 수리하는 시설이 있는 것으로 보아, 그곳이 항구 도시였다는 것을 짐작할 수 있어요.

인더스 문명을 이은 갠지스 문명

1. 기원전 1500년 무렵, 인도·유럽 어족의 한 갈래인 아리아 인들이 중앙아시아에서 유목 생활을 하다가 인더스 강 유역을 침입해 왔어요. 그 당시 드라비다 족은 청동기를 사용하며 농사를 짓고 살았지만, 아리아 인들은 유목 생활을 하며 이미 철기 문명을 이루고 있었지요.

2. 아리아 인들은 드라비다 족을 정복하고 인더스 강 유역의 새 주인이 되었어요.

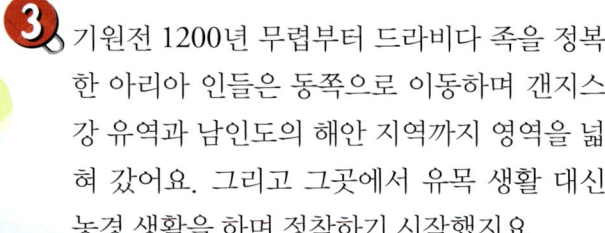

3. 기원전 1200년 무렵부터 드라비다 족을 정복한 아리아 인들은 동쪽으로 이동하며 갠지스 강 유역과 남인도의 해안 지역까지 영역을 넓혀 갔어요. 그리고 그곳에서 유목 생활 대신 농경 생활을 하며 정착하기 시작했지요.

4. 아리아 인들은 보리와 밀 농사뿐 아니라 벼농사를 지었으며, 농사에 소를 이용하고, 철기를 사용해 농업 기술을 발달시켜 생산량을 크게 늘렸어요. 농업 생산량이 크게 늘어나면서부터 상업이 발달해 갠지스 강 주변에 큰 도시들이 세워졌어요.

5. 아리아 인들은 가부장 중심의 대가족 제도를 이루었으며 소를 신성하게 여겼어요. 또한 드라비다 족을 비롯해 그곳의 원주민들을 다스리기 위해 엄격한 신분제도를 만들었는데, 그것이 바로 '카스트 제도'예요.

6. 카스트 제도에서 신분이 가장 높은 브라만은 자신들의 지위를 지키기 위해 복잡한 종교 의식을 발전시켰어요. 그래서 브라만교가 생기게 되었고, 태양, 바람, 물, 불과 같은 자연 현상을 찬미하기 위해 만든 베다는 브라만교의 경전이 되었어요.

7. 갠지스 강 유역으로 진출한 아리아 인들은 여러 왕국을 세워 서로 정복 전쟁을 펼쳤고, 기원전 500년쯤에 불교와 자이나교(인도의 영향력 있는 종교 중 하나)가 생겨났어요. 그리고 인더스 문명과 아리아 인들의 문화는 인도 문화의 바탕을 이루며 세계 문명과 문화의 발달에 큰 영향을 끼쳤답니다.

카스트 제도란?

아리아 인들이 인더스 강 유역을 비롯해 인도 대륙에 침입했을 때, 그곳에 살던 드라비다 족과 자신들을 구분하기 위해 계급을 두기 시작했어요. 그러다가 브라만교가 생겨났고, 지배층이 된 브라만 승려들은 자신들의 지위를 유지하기 위해 엄격한 신분제도를 만들었어요. 그것이 카스트 제도랍니다.

카스트 제도는 승려 계급인 브라만을 제1계급으로 하고, 제2계급은 크샤트리아, 제3계급은 바이샤, 그리고 제4계급은 가장 낮은 신분인 수드라로 구분했어요. 크샤트리아는 정치와 군사 일을 맡은 귀족과 무사들이었고, 바이샤는 농사를 짓거나 생산에 종사하는 평민, 수드라는 노예들이었지요. 이렇게 구분된 신분은 세습되었고, 다른 신분끼리는 결혼도 할 수 없었어요.

인더스 문명 49

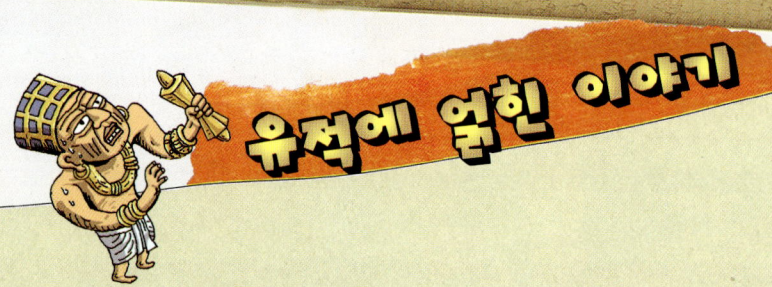

유적에 얽힌 이야기

아리아 인들이 기록한 신의 경전, 베다

아리아 인들은 오래전부터 신을 찬양하거나, 자신들의 생각을 시로 만들어 불렀어요. 그 시를 '베다'라고 해요. 베다는 '지식'이라는 뜻인데, 아리아 인들은 인더스 문명을 정복하고 갠지스 강 유역에 정착하면서 원주민들의 전설이나 사상, 종교, 영웅담 등을 모아 체계를 잡아 종교적인 경전으로 만들었어요. 그것이 바로 베다랍니다. 그래서 **브라만교의 승려들은 신을 찬미하고 제사를 드릴 때 베다를 경전으로 사용하지요.**

베다는 크게 네 종류로 구성되어 있어요.

바로 〈리그베다〉(신을 찬미하는 노래), 〈야주르베다〉(신에게 제사를 드릴 때 의식과 진행 절차, 내용에 관련된 것), 〈사마베다〉(신에게 제사를 드릴 때 신을 찬양하는 노래의 암송에 관한 것), 〈아타르바베다〉(결혼, 출생, 사망 등 제사 종류에 따른 주문과 주술에 관한 것)랍니다.

그중에서 가장 오래된 것이 바로 〈리그베다〉예요. 신을 찬미하는 노래라는 '리그'와 경전인 '베다'가 합쳐진 말로, 10권 1,028구절로 되어 있어요. 기원전 2000년무렵부터 기원전 800년에 걸쳐 지금 형태로 정비되고 편찬되었다고 짐작하지요. 그 후 브라만교의 제사와 의식의 종류가 다양해지면서 세 개의 베다가 추가되었어요.

그 후 베다는 힌두교의 경전이 되는 등 인도의 종교와 철학, 문학의 기초가 되었어요. 힌두교는 브라만교가 인도의 민간신앙을 받아들여 인도 국민들에게 널리 전해져 생긴 종교예요.

특징과 흔적

인더스 문명의 특징

- 큰 강 주변에서 문명이 생겨났다.
- 계획도시를 만드는 등 매우 발달된 도시 문명을 이루었다.
- 신분제 사회였지만 아주 심하지는 않았다.
- 신전보다 백성들의 집이 발달한 것으로 보아, 백성들이 풍요로운 생활과 합리적이고 민주적인 문화를 평등하게 누렸다는 것을 알 수 있다.
- 서남아시아나 메소포타미아와 교류하면서 문명을 발달시켰다.
- 청동기를 바탕으로 발달했다.
- 그림문자를 사용했다.

인더스 문명의 흔적

모헨조다로 유적지

베다

가지무늬토기

그림문자

아리아 인들의 인드라 신

문명 속 신화

아리아 인들은 인더스 문명을 이룬 드라비다 족을 점령한 뒤, 갠지스 강 유역과 인도 대륙 곳곳에 인더스 문명을 심었어요. 아리아 인들에게는 수호신이 있었는데, 바로 '인드라'예요. 〈리그베다〉에 나오는 찬가 중 가장 많은 것이 그 신에게 바쳐진 노래입니다.

아리아 인들이 찬양하는 인드라 신은 이마에 세 개의 눈을 가지고 있어요.

거무스름한 갈색 피부를 가진 거대한 체구로 두 마리의 붉은 말이 끄는 황금마차를 타고 다니는데, 하늘의 지배자이며 전쟁의 신이기도 했어요. 또한 폭풍의 신을 거느리며 양쪽에 바주라 무기를 들고 악마들을 쳐부수고 다녔지요.

인드라는 세상 사람들이 수행을 잘하고 있는지 보기 위해 세상에 내려갔어요.

어느 숲에 이르렀는데 여우와 토끼, 원숭이가 사이좋게 지내는 모습을 봤어요.

우선 저 동물들을 시험해 봐야겠군.

인드라는 노인으로 변신하고 동물들에게 먹을 것을 갖다 달라고 했지요.

여우는 잉어를 주었고, 원숭이는 과일을 가져왔지만, 토끼는 여우와 원숭이에게 마른 풀과 나무를 모아 달라고 했지요.

토끼는 마른 풀과 나무에 불을 지피고는 "나는 약하고 힘이 없어 먹을 것을 가져오지 못했습니다. 대신 이 몸이나마 받아 주세요." 하고는 불속에 뛰어들었어요.

인드라는 토끼의 희생에 감동했어요.

그래서 인드라는 사람들이 토끼를 기억하라고 달의 신 찬드라에게 부탁해 토끼를 달에서 살게 했어요. 이때부터 달 속에는 토끼의 모습이 보이게 되었답니다.

4 중국 문명의 기원이 된

황하 문명
(기원전 2500년경~?)

황하 문명은 중국 황하 중하류 지역에서 발생했지만, 황하 강 유역에서 나타난 중국 고대 문명을 통틀어 나타내는 말로 쓰여요. 중국에는 두 개의 큰 강인 황하와 양쯔가 있는데, 양쯔 강은 신석기 시대에 지금보다 기온이 높고 강수량이 많았지요. 하지만 황하 강 유역은 대륙성 기후로 건조한데다가 비옥한 황토가 쌓여서 농사짓기에 좋았어요.

황하 문명은 신석기 시대에 나타난 양사오 문화와 룽산 문화 등을 거쳐 상나라와 주나라의 청동기 문화로 발전했고, 여러 문화와 영향을 주고받으며 중국 문화의 기틀을 이루었답니다.

물을 따라 황토가 쌓인 강 주변에서 문명이 싹트다

유프라테스 강과 티그리스 강 사이의 메소포타미아, 나일 강 하류의 이집트, 인더스 강의 하라파와 모헨조다로에서 문명이 꽃피고 있을 때, 중국 대륙 지방에서도 문명이 싹트고 있었어요.

그곳이 바로 중국의 황하 강이었고, 그곳에서 싹튼 문명이 황하 문명이랍니다.

비가 오면 강물을 따라 누런 황토가 쌓여 비옥한 땅이 생겼고, 그곳에 사람들이 모여 농사를 짓기 시작했어요.

청동기를 사용하면서 나라가 생겨나기 시작했으며, 거북이 등이나 배의 가죽, 동물의 뼈를 말렸다가 불에 태울 때 생겨나는 무늬를 보고 점을 치면서부터 그 무늬가 문자로 발전했답니다. 이렇게 해서 황하 문명이 발전해 갔어요.

황하 문명 시대와 맞지 않는 한 사람을 찾아보세요.
(정답 147페이지)

신석기 시대에 싹튼 문명

① 신석기 시대의 황하 강은 큰 홍수를 자주 일으켰어요. 해마다 여름철이 되면 한꺼번에 북쪽 지역에 큰비가 내려 황하 강으로 흘러들면서, 강줄기 부근에서는 강물이 넘쳐 사람들이 살 수 없었어요. 넓은 평지가 늪지대로 변해 버렸거든요.

② 기원전 약 4000년, 신석기 시대에 황하 강의 물줄기가 산에서 급히 흘러오다가 평지를 나오면서 퇴적물이 쌓이기 시작했어요. 그러면서 부채꼴 모양의 기름진 평지가 만들어졌지요. 사람들은 점차 그곳에 모여 농사를 짓기 시작했어요. 그리고 마을을 이루고 문명을 싹틔웠지요.

 도구를 사용했던 베이징 원시인

지금으로부터 약 40~50만 년 전에 중국의 베이징(북경) 근처에서 동물에서 인간으로 진화해 가는 인류의 흔적이 발견되었어요. 그 원시인을 베이징에서 살았던 인류이므로, '베이징 원시인'이라고 불러요.
베이징 원시인은 원숭이처럼 꾸부정하게 걷는 것이 아니라 똑바로 서서 걸었고, 간단한 도구를 만들어 썼으며, 불을 이용할 줄도 알았다고 해요. 그렇지만 이때는 문명이 생기기 한참 전, 아주 까마득한 옛날이었지요.

56

3. 신석기 문화를 바탕으로 기원전 약 4000년부터 기원전 2000년까지, 황하 강의 중류인 허난 성 지방에서는 사람들이 뗀석기와 간석기를 쓰고 그릇을 구워 색을 칠해 사용했어요. 그 문화가 바로 '양사오 문화'랍니다.

4. 기원전 2500년부터 기원전 1500년까지, 황하 강 중류와 하류, 특히 지금의 산둥 성 지방에 사람들이 모여 간석기와 검은간토기, 반달돌칼 등을 만들어 쓰며 농사를 짓고 문화를 이루기 시작했지요. 그 문화는 바로 '룽산 문화'랍니다.

황하 강 유역에서 문명이 시작된 이유

세계 4대 문명은 모두 큰 강 주변에서 일어났어요. 중국 대륙을 흐르는 가장 큰 강은 양쯔 강이에요. 그런데 왜 양쯔 강이 아니라 황하 강 유역에서 문명이 일어난 것일까요?

양쯔 강이 중국에서 가장 큰 강이지만, 문명이 발생할 당시인 신석기 시대에는 지금보다 기온이 높고 강수량이 많았어요. 낮은 습지대에 크고 작은 호수들이 많아 삼림이 무성해 농사짓기에 알맞지 않았던 거예요. 그렇지만 황하 강 유역은 건조한 지역이었고, 비가 오면 황토가 쌓여서 농사짓기에 알맞았답니다. 그래서 이곳에서 문명이 시작된 거예요.

먀오디거우 유적

지금의 중국 허난 성 산현 남동쪽에서 2.8킬로미터 정도 떨어진 곳에서 중국 신석기 문화를 이룬 양사오와 룽산 문화 유적이 발견되었어요. 바로 먀오디거우라는 곳이에요. 나뭇잎 모양의 곡선 무늬가 새겨진 검은색 토기와 그 전에 사용하던 것과 다른 형태의 농기구 등이 발견되었지요. 이로써 룽산 문화가 양사오 문화와 발전되어 이루어졌다는 것을 증명해 주었답니다.

최초의 중국 왕조, 은나라

1. 기원전 1600년쯤에 황하 강 유역에 청동기 문화를 바탕으로 세워진 나라가 있었어요. 상족이 세운 나라여서 '상나라'라고도 하지만, 주로 '은나라'라고 불렸어요. 상족들이 '은'이라는 수도를 만들었는데, 상나라가 멸망하기 전까지 그곳이 상나라의 중심이었기 때문이에요.

2. 탕왕이 하나라를 무너뜨리고 은나라를 새로 세웠는데, 그 후 은나라는 여러 차례 수도를 옮겼어요. 기원전 13세기 후반 무렵에 20대 왕 반경이 은허로 수도를 옮겼고, 31대 주왕이 주나라 무왕에게 멸망할 때까지 은허를 수도로 삼았지요. 은허는 지금의 허난 성 안양 현을 가리켜요.

3. 은나라는 청동기 문화를 받아들이고 발전시키며 나라의 힘을 키워 갔어요. 그리고 황하 문명을 활짝 꽃피웠지요. 처음에는 간단한 청동 도구를 만들어 썼지만, 점차 정교하고 질도 좋은 청동기를 만들어 썼어요.

④ 은나라는 무게가 1톤이나 되는, 발이 세 개 달린 네모난 솥도 청동으로 만들어 사용했어요. 그렇지만 당시 청동은 귀한 재료여서 무기나 장식품을 만드는 데 주로 쓰였지요. 일반 사람들이 쓰는 농기구나 그릇 같은 생활용품은 석기로 만들어 썼어요.

중국 최초의 고대 국가, 하나라

은나라의 도읍지인 은허는 1928년에 발견되었는데, 갑골문자가 새겨진 거북 껍질과 소뼈가 베이징에서 한약재로 팔리고 있는 것을 발견한 금석학자가 갑골문자를 세상에 처음 알렸어요.
역사학자들은 그 문자가 은나라의 문자라는 것을 밝혀냈으며, 1915년 지금의 허난 성 안양 현을 답사해 은허의 유적지라는 것을 알아냈어요. 그래서 1928년부터 본격적으로 은허를 발굴했지요.

그 후 청동기와 많은 유물들과 유적들을 발굴했어요. 흙으로 단을 만들어 쌓아 올린 곳에서 왕과 왕족들이 살았던 궁전과 백성들이 살았던 구덩이식 지하굴을 발견했으며, 흙과 뼈, 청동기를 만든 장인의 공장과 주거지를 찾아내기도 했어요.
왕과 왕족들의 무덤으로 보이는 거대 묘가 지하 10미터 넘는 깊은 곳에 만들어져 있었고, 무덤 속에 청동기와 옥으로 만든 보물들이 들어 있었어요. 또한 왕들이 기르던 말과 원숭이, 코끼리 같은 동물들이 묻힌 곳도 발견했어요. 또 네 마리의 말뼈와 함께 마차의 유물이 발굴돼서, 당시 문명의 발달을 짐작하게 해 주었답니다. 청동기 술잔이나 그릇, 악기 등도 발굴되었는데, 괴상한 모양의 동물이 정교한 무늬로 새겨져 사람들을 놀라게 했지요.

황하 문명 59

❺ 은나라는 국가 차원에 농지를 일궜고, 벼와 밀을 주식으로 먹었으며, 술을 담가 먹을 정도로 농업 생산량이 크게 발전했어요. 물론 수공업도 발달했지요. 이런 사실은 은나라에서 사용했던 갑골문자에서 알 수 있어요.

❻ 은허 유적지에 여러 유물들을 남기며 중국 최초의 국가가 된 은나라는 주왕이 '달기'라는 여자에게 빠지면서부터 나라가 기울었어요. 주왕은 사치를 일삼고 폭정으로 백성들을 다스렸어요. 그리고 동남아 지역으로 영토를 넓히는 전쟁을 벌이는 데 국력을 다 써 버려, 은허의 서쪽에서 세력을 키운 주나라 무왕에게 멸망하고 말았어요.

은나라의 갑골문자

은나라 사람들은 거북의 등이나 배의 가죽, 돼지나 사슴의 뼈를 말렸다가 불에 지지면 그 위에 무늬가 나타나는 것을 보고 점을 치거나 정치적인 결정을 했어요. 그리고 그 무늬를 청동기에 새겨 넣기도 했지요. 그 무늬가 문자로 발전했는데, 그것을 '갑골문자'라고 해요.

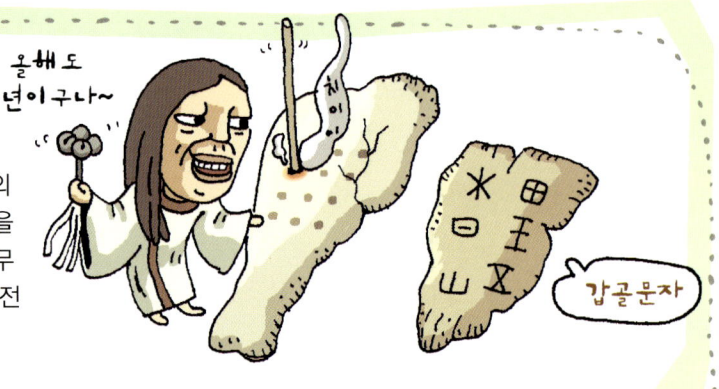

봉건제를 실시한 주나라

1. 은나라를 멸망시키고 황하 유역을 차지하며 황하 문명을 이어 간 왕조는 주나라였어요. 주나라의 문왕은 은나라의 세력이 약해진 틈을 타 나라를 세웠고, 아들 무왕이 은나라를 공격해 기원전 1121년에 주나라를 세웠어요.

2. 주나라는 은나라의 영토였던 황하 강 유역의 좋은 땅을 차지했고, 결혼 정책과 정복 전쟁을 통해 국토를 넓혀 갔어요. 하지만 커진 나라를 다스리기가 어려워지자, 왕족이나 지방의 제후들에게 영토를 주고 다스리게 했어요. 대신 곡식 등을 세금으로 바치게 했는데, 이것을 '봉건제도'라고 해요.

3. 주나라는 은나라를 멸망시키고 새 왕조를 세웠으며 봉건제를 실시했어요. 하지만 문화는 은나라의 것을 그대로 받아들였지요. 은나라의 청동기 문화와 상형문자를 그대로 사용했던 거예요.

주나라의 봉건제도

은나라를 멸망시키고 황하 문명의 새 주인이 된 주나라는 강력한 왕권으로 나라를 다스렸던 은나라와는 다른 정치제도를 발전시켰어요. 그 제도가 바로 봉건제도랍니다.

왕이 넓은 지역을 제대로 다스리기가 어려워 친척인 왕족이나 공신을 제후로 임명해 대신 다스리게 했지요. 그리고 제후로 임명된 사람은 왕에게 세금이나 군역을 바치며 지배관계를 유지했던 거예요.

서양에도 중세 시대에 봉건제도가 생겨났는데, 서양의 봉건제도는 중국이나 동양처럼 혈연관계에 있는 사람을 제후로 임명한 것이 아니라, 자유로운 계약관계로 관계가 이루어진 점이 달랐답니다.

황하 문명

④ 기원전 9세기 무렵, 안으로는 제후들의 반란이 일어나고 밖으로는 외적의 침입을 받으며 주나라의 세력은 약해지기 시작했어요. 12대 왕인 평왕은 기원전 771년, 견융 족의 침입을 피해 수도를 뤄양(낙양)으로 옮겼어요. 이때를 기준으로 해서 이전의 주나라를 '서주 시대'라 하고, 이후의 주나라를 '동주 시대'라고 해요.

⑤ 동주 시대에 들어선 지 50년이 지나서 다시 주나라 왕실의 힘이 약해지자, 각 지방을 다스리던 제후들이 새 주인이 되기 위해 나라를 세워 치열하게 다투지요. 이때를 '춘추 전국 시대'라고 해요. 주나라 왕실의 힘은 약해졌지만 어느 정도 권위를 유지하던 때를 '춘추 시대'라고 하고, 권위가 완전히 무너져 여러 나라가 패권을 다투던 때를 '전국 시대'라고 구분한답니다.

만리장성

춘추 시대부터 쌓기 시작한 성인데, 전국 시대에 세워진 여러 나라가 외적의 침입을 막기 위해 세운 거예요. 기원전 221년 전국 시대를 통일한 진나라의 시황제는 북방 유목민족의 침입에 대비해 서쪽으로 연장해 성을 쌓았어요. 한나라 때에도 북쪽을 더 연장해 쌓았고 명나라 때에야 완성했지요. 만리장성은 약 8,000킬로미터가 넘는 제일 긴 성입니다.

6 춘추 전국 시대에 나라는 어지러웠지만 공자, 맹자, 순자, 노자 같은 사상가들이 활동하며 학문을 크게 발전시켰어요. 또한 철기가 사용되기 시작한 것도 이때였고요.

7 전국 시대 7개 나라 중 가장 힘이 강한 진나라가 중국을 통일했어요. 기원전 249년, 동주도 진나라에게 무릎을 꿇고 말았어요. 진나라의 시황제는 진나라의 여러 지역을 다스리기 위해 문자와 화폐, 도량형(수치를 세는 단위)을 통일했지요. 그렇지만 시황제가 죽자 진나라는 짧은 역사를 뒤로하고 사라져 갔어요.

8 진나라가 멸망한 뒤, 기원전 202년에 유방이 세운 한나라가 들어섰는데, 한나라의 무제는 세력을 크게 키워 대제국을 건설했어요. 한나라 때 철기가 거의 보급되었고, 황하 문명은 다른 지역까지 널리 퍼져 중국 역사를 발전시키는 데 밑바탕을 이루었답니다.

제자백가

춘추 시대부터 전국 시대에 걸쳐 독창적인 사상을 지닌 학자들이 많이 등장했어요. 이들의 학문을 따르던 학파들을 통틀어 '제자백가'라고 하지요. 주나라의 지배에서 벗어나 새로운 국가를 세우려는 제후 국가들은 나라의 힘을 키우기 위해 새로운 인재를 얻으려 했어요. 이때 봉건제도가 무너지면서 전국 각지에서는 새로운 사상을 펼치려는 학자들이 많이 등장했어요. 이들이 바로 공자를 비롯한 제자백가들이랍니다.

- 유가 : 사상의 근본은 '인(仁)'이 바탕, 예와 효를 중요하게 여긴다. (공자, 맹자, 순자)
- 도가 : 자연의 섭리를 주장, 노장사상이라고도 한다. (노자, 장자)
- 법가 : 법을 중요하게 여기는 학파이다. (한비자)
- 묵가 : 모든 사람은 평등하며 생산의 소중함과 생활의 검소함을 강조한다. (묵자)
- 음양가 : 음양설을 따르는 학파이다. (추연, 추자)
- 명가 : 개념과 내용, 명목과 실체의 일치를 주장하는 학파이다. (공손룡, 등석)
- 종횡가 : 서로 연합하여 결탁하는 책략을 내세운 학파이다. (소진, 장의)
- 잡가 : 다른 학파의 학설을 자유롭게 채택하여 필요한 것만 뽑아 하나의 사상을 구성했다.
- 농가 : 농업의 중요성을 강조한 학파이다.

호화스럽고 방탕한 주지육림 이야기

은나라의 30대 주왕은 머리가 좋고 말솜씨가 뛰어났으며, 맨손으로 맹수와 결투를 벌일 정도로 힘도 셌어요. 주왕은 그런 능력만 믿고 교만해져서 자기 마음대로 하기 시작했어요.

그러다가 왕위에 오른 지 9년째, 누군가가 한 여인을 왕에게 바쳤어요. '달기'라는 여인이었는데 사람들 모두 한눈에 반할 정도로 아름다웠지요. 그때부터 주왕은 매일 달기를 껴안고 사치를 부리며 흥청망청 즐기며 살았어요. 사슴각이라는 궁전을 짓고 그곳에 금은보화를 엄청나게 쌓아 놓았으며, 창고에는 어마어마한 곡식을 저장했고 별궁에는 모래언덕이 있는 정원을 만들었어요. 또 각 지방에서 진귀한 짐승과 새들을 거둬 그곳에 기르게 했고, 전국에서 미녀들을 불러들였어요. 여기에 들어가는 엄청난 경비는 세금을 거둬 마련했어요. 주왕은 모래언덕에 연못을 만들고 그곳에 술을 가득 채웠으며, **나뭇가지에 말린 고기를 매달아 먹을 수 있게 했어요. 그리고 달기와 밤새도록 연회를 즐겼지요.** 그것을 '주지육림'이라고 한답니다.

백성과 나라를 생각하지 않고 사치와 향락에 빠져 지내는 주왕에게 잘못을 고하는 충신과 제후들에게는 잔혹한 형벌을 내리기도 했어요. 기름을 바른 구리 기둥 위에 죄인을 눕히고 기둥 밑에 불을 달구어 죄인이 미끄러지면서 불 속에 타 죽게 하는 '포락형'이라는 형벌이었어요.

그러나 결국 주왕은 주나라 무왕이 이끄는 제후 동맹군의 공격을 받아 쫓기다 보석이 박힌 옷을 몸에 휘감고 불 속에 몸을 던져 죽음을 맞이해요.

이로써 황하에서 화려한 문명을 이룬 은나라는 멸망하고 말았어요. 대신 주나라의 무왕이 황하의 새 주인이 되었답니다. 주지육림이 이루어졌던 곳은 최근에 발견되었다고 해요.

특징과 흔적

황하 문명의 특징

- 삼각주 지역에서 황하 문명이 싹텄고 아주 넓은 범위에 걸쳐 문명이 생겨났다.
- 신석기 시대부터 청동기 시대를 거쳐, 철기 시대까지 이어졌다.
- 신석기 시대에 토기를 만들어 썼으며, 좁쌀·기장 등을 재배했고 가축도 길렀다.
- 청동기 문화가 크게 발달했다.
- 갑골문자와 달력을 사용했고 봉건제도를 실시했다.
- 나중에는 철기를 사용해 소로 농사를 지어 농업이 크게 발달했으며, 수리시설 같은 대규모 공사를 해냈다.

황하 문명의 흔적

은허 유적지

만리장성

칠무늬토기

갑골문자

청동가면

청동솥

황하 문명 65

중국을 세운 황제

황하 문명이 생겨나기 전, 처음으로 중국에 나라가 세워진 과정을 다룬 건국신화는 많아요. 그중에 한나라 사마천이 지은 《사기》에는 '헌원'이라는 황제가 신농씨를 대신해 염제·치우 등과 싸워 이겨 나라를 세우고 문명을 이룩했다는 건국신화가 전해져요.

황하 문명이 싹트기 전에 인간을 다스리던 우두머리가 있었어요. 바로 복희씨, 신농씨, 수인씨였지요.

신농씨는 농사의 신인데, 인간들에게 농사짓는 법을 가르쳤고

수인씨는 불을 발명해, 인간들에게 불로 누릴 수 있는 혜택을 맛보게 해 주었고,

복희씨는 인간들에게 사냥하는 법을 가르쳐 고기를 먹을 수 있게 했어요.

이렇게 인간이 살 수 있는 환경을 만들어지자, 헌원이라는 황제가 나타나 중국을 다스리기 시작했어요.

그렇지만 강력한 힘을 갖고 황제에 대항하는 인물이 있었어요. 동이 족의 영웅이며, 전쟁의 신인 치우천황이었어요.

황제는 힘겹게 치우천황을 물리치고 동이 족이 차지하고 있던 황하 강 중류의 땅을 손에 넣었어요.

그리고 농사짓는 법과 문자와 역법, 화폐와 수레 등을 발명해 백성들에게 알려 주어 황하에서 문명이 싹트는 바탕을 마련했답니다.

유럽 최초의 해양 문명

에게 문명

(기원전 2000년경~기원전 1100년경)

에게 문명은 그리스 문명이 생기기 전, 지중해 에게 해를 중심으로 만들어진 청동기 문명이에요. 에게 해의 여러 섬에서부터 동부 지중해까지 퍼진 최초의 해양 문명이며, 유럽 최초의 문명이라는 데에 큰 의미가 있어요.

에게 문명은 크레타 문명, 미케네 문명, 트로이 문명으로 나뉘는데, 특히 크레타 지역은 많은 섬들이 흩어져 있는 데다가 기후도 온난해서 포도와 올리브 같은 천연산물이 풍부해 사람이 살기에 알맞았어요. 또한 오리엔트 문화권과 해상 교통로로 직접 연결되었기 때문에, 유럽의 다른 지역보다 일찍 번영해서 수준 높은 문명이 만들어졌답니다.

반도와 섬들 사이에서 문명이 싹트다

아주 오래전부터 큰 대륙에 둘러싸인 지중해와 대륙을 잇는 반도, 그리고 에게 해 주변에 사람들이 살기 시작했어요. 햇빛과 시원한 바닷바람을 맞으며 포도와 올리브, 탐스러운 과일들이 자랐고, 바다에는 싱싱한 물고기들이 헤엄쳐 다녀 일찍부터 사람들이 살게 된 거예요.

더욱이 이곳은 다른 대륙을 이어 주었고, 바다를 통해 여러 지역을 드나들 수 있었기 때문에 문명을 이룬 다른 나라들과 교류했지요. 그렇게 해서 싹튼 문명이 에게 문명이에요.

이곳 사람들은 에게 문명에 자신들의 문명을 더해서 크레타 문명과 미케네 문명을 일궈 냈답니다.

에게 문명 시대와 맞지 않는 물건을 찾아보세요.
(정답 147페이지)

섬에서 생긴 크레타 문명

1. 기원전 약 3000년, 신석기 시대에 지금의 터키 지역인 소아시아에 살던 사람들이 서해안을 여행하다가 에게 해에서 무척 살기 좋은 큰 섬을 발견했어요. 그곳은 여름에 비가 많이 오지 않았고, 겨울에는 따뜻해 사람들이 살기에 좋았어요.

2. 큰 강도 기름진 평야도 없었지만 포도와 올리브를 재배했고, 야트막한 산에서는 양 떼를 키웠어요. 그러다가 기원전 2600년쯤 청동기를 사용해 문명을 이루기 시작했어요. 그리고 그 문명은 주변의 섬으로 퍼져 나갔어요.

크노소스 궁전

크레타 문명의 중심을 이루었던 크노소스는 인구 8만 명이 될 정도로 크게 번영했으며, 정치와 경제, 문화의 중심지였어요. 특히 크노소스 궁전은 크레타 섬 전체를 처음으로 통일하여 지배한 미노스가 세웠는데, 가운데에 직사각형 광장을 두고 동쪽으로는 왕과 그 가족이 거처하는 곳, 그리고 공방을 두었어요. 서쪽으로는 제사를 지내는 곳, 창고, 수백 개의 작은 방을 배치했으며, 야외 극장이나 선착장 등도 주변에 만들어 놓았지요.

❸ 포도나 올리브는 술이나 기름의 훌륭한 재료였지만 주식이 될 수 없었어요. 그래서 사람들은 다른 곳과 교역을 했고, 포도와 올리브를 배에 싣고 지중해를 누비며 다른 식량이나 생활 필수품과 바꾸며 생활하게 되었지요.

❹ 그들은 앞서서 문명을 이룬 메소포타미아나 이집트 등 동쪽의 아시아 지역과 교역을 하며 새로운 문명을 받아들였어요. 그리고 에게 해 남쪽의 '키클라데스 제도'라 불리는 섬들은 중간에서 해상 교통을 이어 주면서 큰 번영을 이루기도 했어요.

신전은 어디에?

크레타 섬의 유적과 유물들 중에서 신전이나 신의 모습을 새긴 것이라고 확신할 만한 조각상은 발견되지 않았어요. 그래서 크레타 문명에서는 종교나 신앙이 있지 않았을 거라고 보고 있어요. 단지 왕이 지배자인 동시에 신을 대신하는 사람으로 여겼거나, 특별한 물건에 신비한 힘이 있다고 믿어 그 물건을 성스럽게 여기는 정도의 신앙 세계(주물숭배)가 있었다고 짐작한답니다.

그림문자와 선문자

크레타 문명을 이룬 사람들은 문자를 사용했어요. 상형문자인 그림문자와 선으로 구성된 선문자가 있었는데, 선문자도 선문자 A와 선문자 B로 구분을 해요. 이 문자 유물은 문서 창고나 특정한 곳에서 집중적으로 출토되었는데, 서기가 작성했다고 짐작하고 있어요. 그 내용도 세금을 거두는 일이나 왕실의 재산 목록 등이 짧은 문장으로 적혀 있고, 역사나 생활에 대한 기록은 보이지 않아 일반 사람들은 사용하지 않았을 거라고 생각한답니다. 선문자 B는 영국의 벤트리스에 의해 거의 해독이 되었어요.

에게 문명

5. 기원전 2000년 무렵, 크레타 섬은 여러 지역이 각각의 세력으로 독립되어 있었어요. 그런데 섬의 북쪽 기슭에 있는 크노소스에서 미노스 왕이 등장해 섬 전체를 통일해 다스리기 시작했지요.

6. 이때부터 크레타는 정치와 군사, 예술이 빠르게 발달하기 시작했어요. 그리고 크노소스와 말리아, 파이스토스, 자크로스에 궁전이 세워졌으며, 도기와 금속기를 만드는 게 크게 유행했어요. 작은 조각이나 그림도 발달했어요.

크레타 사람들의 유물들

크레타 문명을 이룬 사람들은 이집트나 그리스처럼 거대한 조각을 남기지 않았어요. 대신 생활과 관련된 것들을 미술품으로 남겼지요. 소의 머리 모양을 본뜬 술잔, 뱀 여신상, 새부리 모양의 주둥이가 달린 검정 바탕의 도기에는 풀과 나무, 소용돌이 무늬뿐 아니라 물고기, 조개, 문어 등 바닷가에서 볼 수 있는 것들이 새겨져 있었어요.

해양문화가 담긴 크레타의 예술

크노소스 궁전의 벽이나 천장에는 크레타 문명을 이루었던 사람들의 생활과 미술 세계를 알 수 있는 그림들이 그려져 있어요. '바닷속을 헤엄쳐 다니는 돌고래', '낚은 고기들을 엮어서 작은 제단을 향해 들고 가는 소년들', '사자에게 쫓기는 사슴들', '컵을 가지고 가는 사람' 등 그들의 생활 모습이 프레스코 화법으로 그려져 있지요. 프레스코 화법이란 벽에 석회를 바르고, 석회가 마르기 전에 윤곽을 그린 뒤 물감으로 색을 칠해 벽과 같이 굳히는 방법이에요.

7 기원전 1700년쯤에는 대지진으로 보이는 큰 재난을 당해 각 지역에 세운 궁전들이 무너졌어요. 하지만 곧 그보다 크고 화려한 궁전들을 새로 지었어요. 그리고 그 후 약 200년에 걸쳐 눈부신 문명을 이루었어요.

8 하지만 기원전 1400년 무렵에 그리스 본토의 침략을 받고 크레타 문명은 멸망하고 말지요. 크노소스를 비롯해 여러 지역에 세운 궁전들은 파괴되었고, 사람들을 뿔뿔이 흩어지게 된답니다. 그 후 에게 문명의 중심은 그리스 본토로 옮겨 가게 되지요.

편리한 생활 시설

크노소스 궁전은 2층이나 3층으로 이루어졌다고 짐작해요. 거기에는 크고 작은 계단은 물론, 반자동의 수세식 화장실, 도기의 관을 이용한 하수도도 있었어요. 또한 포도와 올리브를 저장하는 큰 항아리인 피토스도 만들어졌지요.

크노소스 궁전의 미궁

크노소스 궁전은 한번 들어가면 길이 여러 갈래로 나뉘었기 때문에 다시 빠져나오기 어려운 미로였어요. 그래서 '미궁'이라고 불리는 건물의 기원이 되었답니다. 크노소스 궁전은 미노스 궁전이라고도 하는데 같은 말이에요. 미노스가 살았던 궁전이어서 미노스 궁전이라고도 부르고, 그 궁전이 크노소스에 있어서 크노소스 궁전이라고도 부르지요.

에게 문명 **73**

그리스 본토에서 생긴 미케네 문명

① 기원전 2000년 무렵, 에게 해를 끼고 있는 그리스 본토에 북방 산악지역에서 남쪽으로 내려온 아카이아 인들이 쳐들어왔어요. 그들은 이곳의 원주민들을 정복하고 청동기 문명을 바탕으로 작은 왕국들을 건설했어요. 미케네, 티린스, 필로스라는 등이 대표적인 곳이었지요.

② 그들은 주변의 앞선 문화를 받아들이고 군사력과 경제력을 키워 자신들의 세력을 굳게 다져 갔어요. 특히 기원전 1600년 무렵에는 힘을 더욱 키워 남쪽의 섬에서 싹튼 크레타 문명을 무너뜨렸지요.

③ 그리스 본토의 여러 지역에서 생겨난 왕국들 중에서, 특히 미케네 왕국이 큰 힘을 발휘해 여러 세력 중에서 중심이 되었어요. 그래서 에게 해의 주인 행세를 하며 지중해의 여러 지역과 교류를 했지요.

❹ 이때 미케네 왕국을 중심으로 하여 그리스 본토에서 싹튼 문명을 '미케네 문명'이라고 해요. 바닷가에서 문명을 이루었던 크레타 왕국과는 달리, 낮은 산등성이에 요새처럼 성을 쌓아 궁전을 만들었으며, 거대한 원 모양의 무덤을 쌓기도 했어요.

❺ 그들이 만든 무덤에는 멋진 황금가면을 쓴 남자 시체가 나왔는데, 그들이 쌓은 궁전과 무덤에서 당시 미케네 문명의 건축 기술이 얼마나 수준 높았는지 알게 되었어요.

산에 견고한 성을 짓고 그 안에 궁전을 세우다

크레타를 무너뜨리고 미케네 문명을 일군 미케네 인들은 산에 견고한 성벽을 쌓고 그 안에 궁전을 지었어요.
외부의 침입에 대비해 작은 산에 동서로 약 300미터, 남북으로 약 150미터의 성벽을 쌓은 거예요. 그 안에는 궁전과 함께 신전, 원형으로 만든 묘소, 창고 등이 있었지요.

에게 문명 **75**

6 그렇지만 기원전 1200년 무렵에 그리스 본토에서 철기 문명을 가진 도리아 인들이 침략해 오자, 미케네 문명의 중심을 이루었던 미케네와 여러 도시들은 이를 막아 내지 못하고 말았어요. 도시들은 무너져 폐허가 되었고, 기원전 1100년에 미케네 문명은 멸망하지요.

미케네의 건축양식, 메가론

미케네 인들은 성안에 궁전을 지으며 독특한 건축양식을 만들어 내기도 했어요. 바로 '메가론' 이라는 양식인데, 정사각형의 방에 네 개의 돌기둥을 세우고 그 가운데에 공간을 만들어 난로를 놓은 뒤에 두꺼운 벽으로 주위를 쌓은 방식이에요. 방의 중심에는 난로가 놓이는 것이 기본이었지만, 신상 같은 것이 놓이기도 했어요. 미케네 인들이 사용했던 메가론 양식은 뒤에 그리스 신전의 건축 원형이 되었답니다.

미케네의 선문자 B

미케네 성벽의 바깥에서 벌집 모양의 무덤과 집터 몇 개가 발굴되었어요. 그런데 그중에 점토판에 새겨진 선문자 B가 출토되었어요. 선문자 B는 크레타 문명을 이룬 사람들이 사용했던 선문자와 같은 문자라는 게 밝혀졌답니다.

7 미케네 문명이 멸망하자, 그리스 본토와 에게 해에서 일어났던 에게 문명도 사라지고 말아요. 그 후로 그리스를 비롯해 에게 해 지역은 별다른 문명이 일어나지 않는 암흑시대를 맞게 되지요. 기원전 8세기 그리스에 도시국가들이 생겨나 그리스 문명이 등장하기 전까지 말이에요.

트로이 목마 이야기

미케네의 왕 아가멤논은 동생의 아내 헬레네를 유괴해 간 트로이의 왕자 파리스에게 복수하려고 아킬레우스, 오디세우스 등을 거느리고 바다 건너 트로이를 공격해요. 하지만, 견고한 트로이 성은 좀처럼 함락되지 않았어요. 그렇게 그리스와 트로이의 전쟁이 10년 동안 치열하게 계속되다가 오디세우스가 계책을 세워 거대한 목마를 만들고, 그 목마를 남기고 철수하는 위장 전술을 펼쳐요. 여기에 속은 트로이 군은 목마를 성안에 들여놓고 승리의 기쁨에 취한답니다. 하지만 새벽이 되자 목마 안에 숨어 있던 오디세우스와 그리스 군사들이 트로이 성문을 열었고, 결국 그리스 군이 성안으로 쳐들어와 트로이는 함락되었어요. 이 전쟁의 패배로 트로이는 멸망하게 된답니다.

트로이 문명

에게 해 지역에서는 크레타 섬을 중심으로 싹튼 크레타 문명과, 그리스 본토에서 발전한 미케네 문명만 있던 게 아니에요. 소아시아의 북서부 연안, 즉 지금의 터키 영토에서 트로이 왕국이 문명을 이루고 있었지요. 고대 그리스 신화에 '목마를 이용해 트로이를 정복한 전쟁'으로 잘 알려진 트로이는 신화 속에서 나오는 왕국으로 여겨졌지만, 독일의 고고학자인 슐리만이 이 지역의 유적을 발굴하면서 세상에 알려지게 되었어요. 그래서 기원전 3000년 청동기 시대부터 이 지역에 사람들이 살면서 문명을 싹틔우기 시작해, 크레타 문명을 무너뜨린 미케아 문명에게 기원전 1200년 무렵에 정복되었다고 짐작한답니다.

에게 문명 **77**

유적에 얽힌 이야기

크노소스 궁전 속의 미궁

페니키아 왕에게는 '에우로페'라는 어여쁜 외동딸이 있었어요. 어느 날 에우로페가 바닷가에서 놀고 있는데 잘생긴 황소가 에우로페 앞에 와서 무릎을 꿇었어요. 황소의 아름다움에 끌린 에우로페가 황소의 등에 올라타자, 황소는 그녀를 크레타 섬으로 납치했어요. **황소는 제우스가 변신한 모습이었어요.** 그렇게 해서 제우스와 에우로페 사이에서 미노스가 태어났어요.

미노스는 자라서 이복형제들과 왕의 자리를 놓고 다투다가 바다의 신 포세이돈에게 도움을 청했어요. 자신이 제우스의 아들로서 신들의 도움을 받고 있다는 증거를 사람들에게 보여 주려고 하니, 그 증거로 황소 한 마리를 보내 달라고 했지요. 그러면 그것을 반드시 제물로 돌려주겠다고 약속했어요.

포세이돈은 미노스의 청을 받아들여 잘생긴 황소를 보내 주었고, 그 덕에 미노스는 크노소스의 왕이 되어 크레타는 물론, 에게 해의 여러 섬들을 지배하게 되었답니다.

그렇지만 미노스는 포세이돈에게 제물로 바치기로 한 황소가 아까워서 다른 황소를 제물로 바쳐 제사를 지냈어요. 화가 난 포세이돈은 그에게 커다란 형벌을 내렸지요. 바로 미노스의 왕비가 그 황소를 사랑하게 하여 괴물을 낳게 한 거예요. 머리는 소, 몸은 사람인 미노타우로스였지요. 미노스 왕은 다시 포세이돈의 노여움을 살까 봐 두려워서 미노타우로스를 죽일 수도 없었어요. 그래서 건축과 공예의 명장인 다이달로스를 불러서 누구도 빠져나올 수 없는 미궁을 만들게 하고 그 미궁에 미노타우로스를 가두었어요. 미노타우로스는 그곳에 살면서 미궁으로 들어왔다가 빠져나가지 못하게 된 사람들을 잡아먹고 살았고요. 그러다가 미노스의 아들인 안드로게오스가 아테네에서 열린 경기에 참가했다가 황소의 뿔에 받혀 죽는 사건이 일어났고, 미노스는 그 일을 빌미로 아테네를 공격합니다. 그리고 평화를 맺는 조건으로 해마다 각각 7명의 소년, 소녀를 미노타우로스에게 바치게 했어요. 세 번째 재물이 바쳐질 때 아테네의 영웅 테세우스가 제물들 사이에 끼어 미노타우로스를 물리치고, 미노스의 딸 아리아드네가 알려 준 방법으로 미궁에서 빠져나왔다고 해요. 그 미궁이 있던 곳이 바로 크레타 섬의 크노소스 궁전이에요.

에게 문명의 특징

- 바다를 끼고 문명이 일어났다.
- 청동기 문화를 바탕으로 발달했다.
- 해상무역이 발달했고, 해양 문화를 만들어 냈다.
- 에게 문명은 남쪽의 크레타 문명과 그리스 본토의 미케네 문명으로 나뉜다.
- 발달한 문화를 서양에 전해 주는 다리 역할을 했다.
- 그림문자와 선문자를 사용했다.
- 그리스 문명의 탄생에 영향을 줘 유럽 문명의 기초가 되었다.

에게 문명의 흔적

에게 문명이 싹튼 크레타 섬

크노소스 궁전의 내부 벽화

미케네의 황금가면

크노소스 궁전 유적

미케네의 성과 궁전 유적

에게 문명 **79**

아가멤논 이야기

문명 속 신화

이 이야기는 고대 그리스의 영웅들 이야기를 서사시로 쓴 호메로스의 〈일리아드〉와 아이스킬로스가 쓴 〈오레스테이아〉에 나오는 이야기예요. 이 서사시들은 고대 그리스 문명은 물론, 트로이 문명과 미케네 문명을 밝히는 중요한 자료가 되었답니다.

아가멤논은 미케네의 왕이었어요. 그는 탄탈로스를 살해하고 탄탈로스의 아내이자, 스파르타의 공주인 클리타임네스트라를 아내로 삼아 여러 자식을 낳았어요.

트로이의 왕자 파리스가 스파르타의 왕비 헬레나를 트로이로 납치해 가자,

미케네를 비롯해 그리스 지역의 국가들은 동방 진출을 가로막는 트로이와 전쟁을 벌이기로 했어요.

아내를 파리스에게 빼앗긴 스파르타의 왕 메넬라오스는 아가멤논에게 복수를 부탁했어요.

"복수해 줘!"

"나만 믿어!"

아가멤논은 아킬레우스, 오디세우스와 함께 트로이 원정에 나서는데 여신의 노여움을 사서 배가 출항하지 못하게 되었어요. 그러자 딸을 산 제물로 바쳐 출항을 했어요. 딸을 희생시킨 아가멤논에게 클리타임네스트라는 복수할 다짐을 했지요.

"으악!"

"여신이 노했다!"

10년에 걸친 트로이 전쟁은 결국 목마를 이용한 오디세우스의 계략으로 트로이가 승리했어요. 그리고 트로이 왕의 딸인 카산드라를 차지해 귀국길에 올랐지요.

"우리가 이겼다!"

아가멤논이 트로이에서 전쟁을 치르는 동안에, 클리타임네스트라는 아이기스토스와 몰래 사랑을 나누었어요. 아가멤논이 다른 여자를 얻어 온다고 하자, 클리타임네스트라는 남편을 살해할 모의를 꾸몄어요.

"없애자고!"

"남편이 오면"

아가멤논이 귀국하자 클리타임네스트라는 아가멤논을 욕실로 유인한 뒤 그물로 덮쳐 죽이고, 카산드라도 죽였어요.

아가멤논을 살해한 클리타임네스트라와 아이기스토스는 한동안 왕국을 다스렸지만, 아버지에 대한 복수심에 불타던 아들 오레스테스에 의해 결국 죽음을 당하고 말았지요.

"용서 못해요!"

"살려 줘!"

서양 문화와 철학의 뿌리가 된
그리스 문명
(기원전 1200년경~기원전 146년경)

그리스 문명은 미케네 문명이 몰락한 뒤, 고대 그리스 인들이 그리스 땅으로 내려와 이룬 문명이에요. 그리스 문명은 훗날 유럽 문화의 뿌리가 되었는데, 폴리스 사회를 바탕으로 철학·과학·문학·미술 문화를 다채롭게 꽃피웠어요.

하지만 그리스는 산이 많고 토지는 척박하고 곡물이 잘 자라지 않아 해외에서 곡물 등을 들여와야 했지요. 그래서 동(東) 지중해를 중심으로 한 통상 무역이 발달하고, 화폐경제가 발전했답니다.

오리엔트를 흡수해 서양 문명의 시초가 되다

그리스 문명 시대와 맞지 않는 물건을 찾아보세요.
(정답 147페이지)

　삼면이 바다로 둘러싸여 있고, 높고 낮은 산들이 솟아 있는 에게 해는 훈훈한 바닷바람과 적당한 기후 덕에 아주 오래전부터 사람들이 곳곳에서 살았어요.
　사람들이 한곳에 모여 살지 않았던 이유는 해안선이 복잡하고, 산들이 삐죽삐죽 솟아 도시를 이루기가 어려웠기 때문이었지요.
　사람들은 배를 만들어 일찍부터 문명을 이룬 동방의 나라들과 왕래하면서 문명을 싹틔웠어요. 바닷가와 가까운 육지 쪽에도 성과 궁전, 도시를 만들면서 문명을 키워 갔어요. 그런데 철기를 사용하는 민족이 내려와 이전의 문명을 정복하고 그 문명을 토대로 새로운 문명을 만들어 냈어요.
　그것이 바로 도시국가 아테네와 스파르타를 중심으로 발달한 그리스 문명이에요.

독특한 소국가, 폴리스의 탄생

1. 기원전 1200년 무렵에 그리스 중부 산간 지역 도리스에서 철기를 가진 도리아 인들이 남쪽으로 내려왔어요. 그들은 그리스 남부 지방을 정복하며 크레타와 트로이를 멸망시키고 미케네 문명을 파괴했어요.

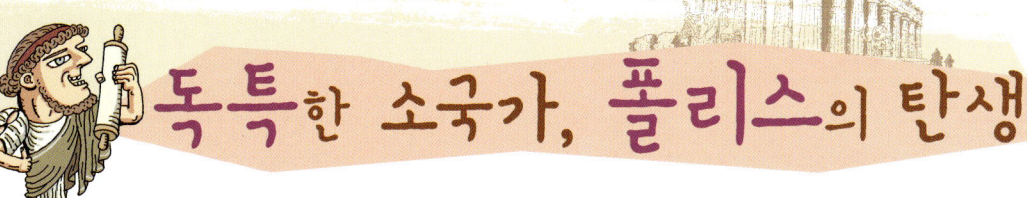

2. 미케네 문명을 파괴한 도리아 인들은 철과 기하학적인 모양의 도자기를 남겼어요. 하지만 기원전 1200년 무렵부터 기원전 800년 무렵까지 별다른 기록들을 남기지 않았지요. 그래서 이때를 그리스 역사의 '암흑시대'라고 해요.

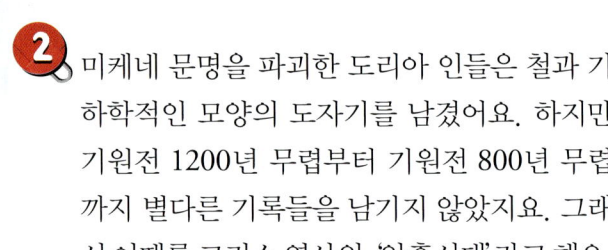

3. 기원전 800년 무렵부터 도리아 인들이 점령했던 그리스 동남부 해안을 중심으로, 외부의 침입을 막기에 적당하게 솟아 있는 언덕에 도시가 생겨나기 시작했어요. 도시에 사는 사람들은 외침을 방어하기 위해 성벽을 쌓고, 수호신을 위해 신전을 만들고, 회의하는 광장도 만들었어요.

④ 약간 높은 언덕에 세워진 작은 도시들은 국가의 모습을 갖추기 시작했는데, 이렇게 생겨난 그리스의 도시국가를 '폴리스'라고 했어요. 폴리스들은 땅을 가진 귀족을 중심으로 이루어졌는데, 귀족들은 전차와 말을 가지고 있어서 막강한 힘으로 권력을 휘둘렀어요.

⑤ 여러 도시국가들 중에서 그리스 중부의 아테네와 남부의 스파르타가 가장 큰 세력을 떨치며 주변의 도시국가들을 이끌었어요. 아테네는 미케네 문명을 이룬 이오니아 인들이 세웠고, 스파르타는 미케네 문명을 정복한 도리아 인들이 세웠어요.

폴리스의 상징이 된 아크로폴리스

그리스의 도시국가 중심지에 약간 높은 언덕이 있었어요. 이것을 '폴리스'라고 불렀지요. 그러나 세월이 지나면서 이 폴리스는 도시국가를 일컫는 의미로 쓰였어요. 그래서 본래 폴리스였던 작은 언덕에 '높은'이라는 뜻의 '아크로'를 앞에 붙여서 '아크로폴리스'라고 부르게 되었지요. 그리스 인들은 아크로폴리스에 여러 신전들을 세웠고, 아크로폴리스는 그리스 도시국가들의 상징적인 장소가 되었어요.

그리스 문명 **85**

❻ 아테네는 귀족 출신 중에서 9명의 집정관이 행정·사법·군사 등 국가의 권력을 가지며 나라를 다스렸어요. 그 뒤에는 시민이 민회라는 기구에 참여하며 민주정치가 발달했지요. 스파르타는 2명의 왕과 30명의 원로원, 그리고 시민을 대표하는 민회를 통해 정치를 발전시켜 나갔어요.

정치와 상업의 광장, 아고라

폴리스에는 많은 사람들이 모이는 '아고라'가 있었어요. 지금의 광장이나 시장의 기능을 했던 곳인데, 사람들은 아고라에 모여 정치와 사상을 토론하기도 했고, 재판을 하기도 했어요. 또 상업 활동을 하기도 했지요. 동상과 제단, 나무, 분수 등으로 장식을 했는데, 주로 도시의 한복판이나 항구 근처에 있었어요.

7 기원전 800년부터 기원전 500년경까지, 아테네와 스파르타를 비롯한 그리스의 폴리스들은 지중해와 흑해 연안에서 활발하게 해상교역을 했고, 전쟁을 벌여 새로운 식민지를 건설했어요. 그래서 인구 문제와 식량 문제를 해결하려고 했지요. 북아프리카, 이탈리아의 시실리, 남부 프랑스와 남부 스페인 등이 식민지가 있던 곳이랍니다.

이오니아 알파벳

기원전 1000년 무렵에 그리스 인들은 페니키아 문자를 빌려서 그리스 문자인 이오니아 알파벳을 만들어 냈어요. 그리스 문자인 이오니아 알파벳은 24개의 문자로 구성되는데, 페니키아 문자와는 다르게 모음을 표현하는 문자가 있어요. 알파벳의 기원이 되기도 했으며, 그리스 문명을 유럽의 여러 곳에 전하는 데 큰 역할을 했답니다.

그리스 문명의 상징, 파르테논 신전

아크로폴리스에 있는 파르테논은 아테네의 수호신이자 지혜, 정의로운 전쟁, 기술의 신인 '아테나 파르테노스'(처녀신 아테나)를 모시던 신전이에요. 고대 그리스 문명을 상징하는 가장 중요한 유물이랍니다. 이 신전은 하얀 대리석으로 지어졌는데 지금은 기둥과 보만 겨우 남아 있어요. 하지만 원래 건축적, 조형적 완성도가 빼어나서 서양 건축사에서 으뜸가는 위치를 차지하고 있어요.

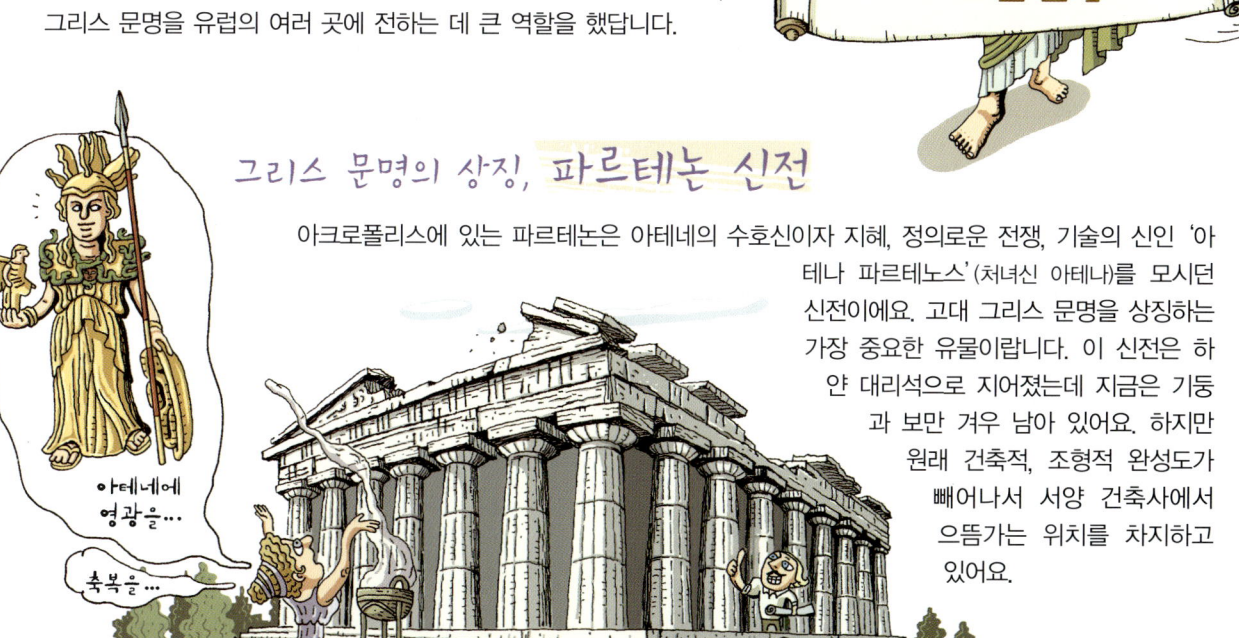

그리스 문명 **87**

페르시아 제국과의 대격돌

1 기원전 500년 무렵에 이오니아 인들이 주로 살던 이오니아 지방에서 반란이 일어났어요. 당시에 이 지방을 다스리고 있던 나라는 페르시아였지요. 기원전 559년에 세워져 흑해와 나일 강, 인더스 강까지 세력을 넓힌 제국이었어요.

2 그런데 이오니아 지방에서 페르시아의 지배를 반대하는 반란이 일어나자, 아테네가 반란 세력을 지원했어요. 이 일을 못마땅하게 여긴 페르시아 제국이 이것을 구실 삼아 그리스 본토에 대규모 군대를 파견해 전쟁을 일으켰어요.

3 기원전 490년, 그리스를 정벌하기 위해 페르시아 제국의 다리우스 1세는 대군을 이끌고 그리스의 마라톤 평원에 상륙했어요. 그렇지만 1만여 명에 불과한 아테네 병사들은 뛰어난 작전으로 페르시아 대군을 격파했어요. 이 전투를 '마라톤 전투'라고 해요.

④ 기원전 486년에 다리우스 1세가 죽자, 기원전 480년 다리우스 1세의 아들 크세르크세스 1세가 페르시아 제국의 젊은이들을 모아 육군과 해군을 조직해 다시 그리스를 공격했어요. 그렇지만 9월 23일에 아테네 함대를 주력군으로 하는 그리스 연합 해군이 페르시아 해군을 살라미스 해협에서 크게 물리친답니다. 이것을 '살라미스 해전'이라 해요.

⑤ 기원전 479년에 아티카 평원과 경계에 있는 그리스 중남부의 플라타이아이에서 스파르타의 파우사니아스 장군이 이끄는 그리스 연합군이 다시 페르시아 육상군을 전멸시켰어요. 이로써 그리스와 페르시아의 전쟁은 그리스의 승리로 막을 내렸어요.

고대 그리스의 역사가, 헤로도토스

헤로도토스는 고대 그리스 역사의 아버지로 불려요. 아테네가 전성기를 맞았을 때의 인물로, 여러 지역을 여행한 뒤에 그리스 연합군과 페르시아 군과의 전쟁 역사를 다룬 《역사》라는 책을 썼어요. 이 책에는 일화와 삽화가 담겨 있는데, 서사시와 비극의 영향을 받아 기록한 것으로 보여요.

마라톤 경주의 기원이 된 마라톤 전투

그리스 연합군이 마라톤 평원에 침략해 온 페르시아 대군을 물리쳤던 마라톤 전투에서 페르시아 군대는 약 6,400명의 사상자를 냈어요. 하지만 아테네 군의 사상자는 약 192명이었어요. 그리스의 용사가 승리의 결과를 아테네에 전하기 위해 마라톤 전장에서 약 40킬로미터를 달려 승전보를 전하고 목숨을 거두었는데, 이를 기념하기 위해 마라톤 경주가 시작되었어요.

그리스 문명 **89**

❻ 수많은 도시국가로 이루어진 그리스 연합군이 페르시아 제국의 대군과 싸워 승리를 거두었어요. 그리하여 페르시아 제국은 쇠퇴의 길을 걷기 시작했으며, 아테네를 비롯한 그리스의 폴리스가 지중해의 주도권을 차지해 유럽 문명의 바탕이 되는 계기를 마련했어요.

❼ 페르시아와의 전쟁 뒤, 그리스의 도시국가들은 아테네를 중심으로 델로스 동맹을 맺었어요. 델로스 동맹 초기에는 정책 결정에 각 도시국가들이 평등하게 권리를 행사했지만, 점점 아테네의 세력이 커져 모든 결정을 아테네 마음대로 하게 되었어요. 아테네는 그리스의 도시국가들 중에 최고의 위치에 올라 문화와 예술, 과학의 황금기를 맞이했지요.

델로스 동맹과 펠로폰네소스 동맹

델로스 동맹은 페르시아 전쟁 뒤 아테네를 중심으로 그리스 도시국가들과 에게 해의 섬들이 맺은 동맹이에요. 동맹을 맺어 함선을 내거나 기금을 모아 해군력을 키워 페르시아에 점령되어 있던 그리스 도시국가들을 독립시키고 외부 세력의 공격을 막고자 한 거예요. 델로스 섬에 있는 재무국에서 정기 회의를 열어 '델로스 동맹'이라 불리게 되었는데, 아테네의 지배력이 커지자 기원전 454년경 동맹본부와 금고가 아테네로 옮겨졌답니다.

펠로폰네소스 동맹은 이보다 일찍 기원전 6세기 무렵에 펠로폰네소스 지역에서 가장 힘이 막강한 스파르타가 무력으로 여러 도시국가들과 군사조약을 맺은 것을 말해요. 기원전 500년 무렵에는 스파르타가 아르고스를 제외한 펠로폰네소스 전 지역을 군사적으로 통합하는 동맹으로 조직했으며, 동맹군의 지휘 역시 스파르타가 맡았어요.

저물어 가는 그리스

1. 아테네의 세력이 커져 가자, 델로스 동맹은 평등 관계가 아니라 아테네가 이끄는 동맹이 되어 갔어요. 아테네에게 세금을 바칠 처지가 되자, 불만을 품은 도시국가들이 아테네의 번영을 시기하던 스파르타를 부추겨 아테네와 전쟁을 벌이게 돼요. 바로 기원전 431년부터 기원전 404년까지 계속된 펠로폰네소스 전쟁이에요.

2. 아테네는 델로스 동맹 도시국가들을, 스파르타는 펠로폰네소스 동맹 도시국가들을 이끌고 전쟁을 벌여 그리스 전체가 전쟁에 휩싸이지요. 아테네는 민주정치와 상업 국가, 해군력 중심 국가였고, 스파르타는 과두정치(독재정치)와 농업 국가, 육상군 중심 국가였지요. 이 전쟁은 서로 다른 성격을 대표하는 두 도시국가가 중심이 되어 맞붙은 전쟁이에요.

고대 그리스의 올림픽 경기

고대 그리스의 작은 도시 올림피아에서는 4년마다 제우스 신을 기리는 운동 경기가 벌어졌는데, 바로 올림픽 경기랍니다. 그리스 인들은 자주 전쟁을 벌였지만, 경기가 열리기 한 달 전부터는 모든 전쟁을 중단하고 경기를 했어요. 경기는 5일간 계속되었다고 해요.

그리스 문명

❸ 펠로폰네소스 전쟁은 페르시아의 힘을 빌린 스파르타의 승리로 막을 내렸어요. 아테네는 이 전쟁에서 패배하면서 쇠퇴하기 시작했고, 스파르타는 그리스의 패권을 차지했지요. 그렇지만 스파르타는 폴리스들을 지나치게 간섭하고 식민지를 페르시아에게 넘겨주는 등 다른 동맹국들의 반발을 사게 되지요.

❹ 결국 다른 도시국가들이 스파르타를 상대로 전쟁을 일으키는 등 그리스에는 분열과 분쟁이 계속되었어요. 그러던 중 북쪽에서 필리포스 2세가 왕위에 오르며 세력을 키운 마케도니아 왕국이 기원전 359년에 남쪽으로 내려와 그리스를 침략했어요.

❺ 그리스의 여러 도시국가들이 이에 대항했지만, 결국 기원전 338년 카이로네이아 전투에서 크게 패하고 말아요. 그리고 마케도니아의 왕 필리포스 8세가 헬라스 동맹을 맺어 스파르타를 제외한 그리스 전체를 지배하게 되었답니다.

세계 곳곳에 세워진 도시 알렉산드리아

여러 지역을 점령하여 대제국을 건설한 알렉산드리아 대왕은 점령지에 자기 이름을 붙인 도시를 세우게 했어요. 그중에서 가장 유명한 도시가 이집트의 알렉산드리아예요. 기원전 331년, 이집트 원정 때 나일 강 하구에 건설되었으며, 나중에 그리스(마케도니아) 출신의 왕들이 다스린 프톨레마이오스 왕조 때 이집트의 수도가 되어 헬레니즘 시대의 문화와 경제의 중심지가 되었어요. 도시 계획에 따라 질서정연하게 만들어진 도시인데 왕궁, 신전, 도서관, 등대 등이 있었으며, 학문(자연과학)과 예술이 발달했어요.

❻ 페르시아 정복을 꿈꾸었던 마케도니아의 왕 필리포스 2세가 기원전 336년에 암살되자, 그의 아들인 알렉산드로스는 20세에 아버지의 뒤를 이어 왕이 되었어요. 알렉산드로스는 대군을 이끌고 시리아, 이집트 등을 정복하고 10년 후에는 오랜 숙적이었던 페르시아를 정복했지요.

❼ 알렉산드로스는 세계 정복을 위해 인도까지 원정 가기도 했지만, 오랜 원정으로 병사들은 지쳐 갔어요. 결국 고국으로 돌아오던 중 33세에 죽고 말았어요. 그동안 세력을 키워 오던 로마가 그리스를 침입하고, 기원전 168년 마케도니아가 로마에게 패하며 그리스 지역의 대부분이 로마에게 점령돼 고대 그리스 역사와 문명은 막을 내린답니다.

세계에서 가장 큰, 알렉산드리아 도서관

알렉산드리아에는 학문과 예술의 발달을 위해 프톨레마이오스 왕조가 세운 알렉산드리아 도서관이 있었어요. 파피루스로 만든 70만 권의 책들을 소장하고 있어서 당시에는 세계에서 가장 큰 규모의 도서관이었어요. 그리스 문헌들을 수집·정리했으며, 다른 지역의 언어들을 그리스 어로 번역하여 보관하게 했지요. 기원전 235년, 프톨레마이오스 3세 때에는 사라피스 신전에 별관이 지어지기도 했지만, 후에 로마와 이슬람의 정복을 받으며 파괴되어 사라지게 되었어요.

세계 7대 불가사의, 파로스 등대

알렉산드리아에는 어마어마한 큰 파로스 등대가 세워지기도 했어요. 프톨레마이오스 2세의 지시로 소스트라투스라는 사람이 건설했다고 해요. 대부분 대리석으로 되어 있었으며 높이 135미터이고 3단으로 이루어졌는데, 맨 밑단은 4각 모양, 가운데 단은 8각 모양, 맨 윗단은 원통 모양이었어요. 그리고 등대 안쪽으로는 나선 모양의 통로가 꼭대기 옥탑까지 나 있었고, 옥탑 위에는 거대한 여신상이 솟아 있었어요. 등대 꼭대기의 전망대에 오르면 수십 킬로미터 이상 떨어져 있는 지중해가 보였으며, 반사 렌즈에 비친 불빛이 40여 킬로미터 밖에서도 보였다고 해요. 하지만 지진으로 무너졌다고 전해요. 당시의 기술로 어떻게 이런 규모의 건축물을 세웠는지, 어떤 방법으로 불을 지펴 비추었는지, 현재까지도 정확하게 알려지지 않아 세계 7대 불가사의 가운데 하나로 꼽히고 있답니다.

그리스 문명

유적에 얽힌 이야기

디오니소스 극장

　그리스 아테네의 아크로폴리스 아래쪽에는 고대 그리스의 야외극장이 있어요. 이곳에서 고대 그리스 인들은 연극과 음악 등을 공연하고 관람했어요. 무대 밑에는 그리스 신화에 나오는 디오니소스의 생애를 묘사한 조각이 새겨져 있어서, 이 극장을 '디오니소스 극장'이라고 부르게 되었지요.

　디오니소스는 그리스의 **최고신인 제우스와 테베를 세운 카드모스의 딸 세멜레 사이에서 태어난 아들이에요.** 세멜레가 제우스의 사랑을 받아 임신하자, 헤라 여신은 세멜레를 질투하지요. 그래서 세멜레에게 제우스가 헤라에게 구혼했을 때에 똑같은 모습으로 나타나게 해 달라고 부탁하라고 했어요. 세멜레의 부탁대로 제우스가 천둥소리를 내며 번개로 변해 나타나자, 그녀는 그만 타 죽고 말았답니다. 그러나 제우스는 헤르메스의 도움을 받아, 세멜레가 임신하고 있던 아기를 그녀의 태 속에서 꺼내 자신의 넓적다리에 넣고 꿰맸지요. 그리고 아기를 그곳에서 자라게 하여 낳았는데, 그 아이가 바로 디오니소스랍니다.

　제우스는 디오니소스를 요정에게 키우게 했어요. 디오니소스는 자라서 포도를 재배하는 법과 과일즙을 내어 술을 만드는 법을 발견했어요. 디오니소스의 존재를 알게 된 헤라는 그를 미치광이로 만들어 떠돌아다니게 만들었는데, 디오니소스가 소아시아의 프리기아에 머물렀을 때 제우스의 어머니인 레아가 그의 병을 치료해 주었어요.

　디오니소스는 프리기아의 옷을 입고 여러 지역을 여행하며 포도를 재배하는 법과 술을 담그는 법을 알려 줬어요. 사람들은 그가 만든 술을 마시며 축제를 즐겼고, 이 축제 의식이 그리스에도 전해져 연극과 음악, 춤으로 발전하게 되었어요. 그리고 그리스 인들은 극장을 만들어 연극과 음악을 공연하고 즐겼으며, 디오니소스를 기념하기 위해 그 극장을 '디오니소스 극장'이라고 불렀답니다.

특징과 흔적

그리스 문명의 특징

- 여러 도시국가들을 중심으로 하여 문명이 일어났다.
- 절대 권력을 가진 왕 중심이 아니라, 귀족이나 시민 중심의 정치와 문화를 꽃피웠다.
- 시민들이 직접 정치에 참여하는 민주주의가 싹텄다.
- 그리스 문자를 발명하여 알파벳의 발달에 영향을 주었다.
- 그리스를 지배한 마케도니아를 통해 그리스의 문명을 이집트, 인도 등 아시아 여러 지역에 전했다.
- 철학·과학 등 학문을 발달시키고 서양 문화의 발전을 이루었다.
- 미술·조각·건축·체육·문학·연극 등 세계의 문화 발달에 큰 도움을 주었다.

그리스 문명의 흔적

아크로폴리스

디오니소스 극장

파르테논 신전

밀로의 비너스

그리스 문명 **95**

아테나를 수호신으로 삼은 아테네

문명 속 신화

이것은 호메로스가 서사시로 다룬 〈일리아드〉와 아이스킬로스가 쓴 〈오레스테이아〉에 나오는 이야기에요. 이 서사시들은 고대 그리스 신화를 바탕으로 해서 기록되었는데, 신화만이 아니라 영웅들의 모험담을 그리고 있어요.

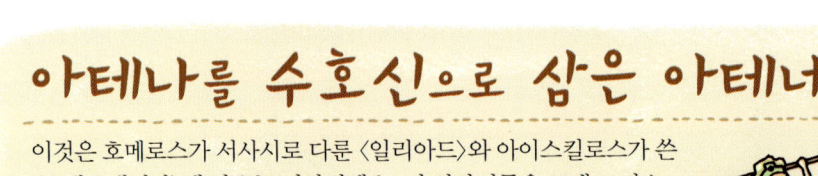

그리스 신들 중에서 지혜와 전투의 여신 아테나와 바다를 지배하는 신 포세이돈이 아티카를 차지하려고 다툼을 벌였어요.

제우스는 다툼이 끝날 것 같지 않자 이런 제안을 했어요.

능력과 지혜를 발휘해 아티카 사람들을 위해 한 가지씩 선물을 주어서 그들이 마음에 드는 선물의 주인에게 아티카를 다스리게 하자는 것이었지요.

그러자 포세이돈은 언덕에 샘을 만들어 바닷물이 흘러나오게 했어요.

아테나는 동산에서 나무가 자라 올리브 열매가 열리게 했어요.

사람들은 올리브 나무가 소금 샘물보다 더 필요하다고 여겨서, 아테나가 마을의 수호신이 되기를 원했어요.

그때부터 사람들은 도시를 아테나 여신의 이름을 따서 '아테네'라고 불렀어요.

하지만 대결에서 진 포세이돈은 화가 나서 아티카 지방에 홍수가 일어나게 했어요. 그러자 사람들은 아테나 다음의 지배권을 포세이돈에게 맡겼지요.

포세이돈은 화를 누그러뜨리고 홍수를 물러가게 해 아테네를 자기 마음에 드는 도시로 만들었어요.

그리스 신화의 12신들

① 제우스 최고신이며 하늘과 천둥의 지배자이고, 신과 인간의 아버지로 불린다. 크로노스와 레아 사이에서 태어났으며, 형제자매들과 힘을 합쳐 아버지를 몰아낸 뒤 티탄 족과의 전쟁, 기간테스와의 전쟁, 괴물 튀폰과의 전쟁을 치르면서 최후의 승자가 돼 가장 막강한 신이 되었다. 번개와 아이기스 방패를 무기로 사용하며, 총애하는 새는 독수리이다. 손에 번개를 들고 있다.

② 헤라 제우스의 아내이며 올림포스 최고의 여신. 결혼과 출산, 가사의 여신이다. 크로노스와 레아의 딸이며, 제우스의 누이이며 아내이기도 하다. 헤라를 상징하는 것은 공작새이고, 무지개의 여신 이리스는 헤라의 심부름꾼이다.

③ 아프로디테 사랑과 아름다움의 여신이다. 그녀의 아들인 에로스는 사랑의 활과 화살을 갖고 사람들에게 사랑을 심어 준다. 그녀가 총애한 새는 백조와 비둘기이고, 그녀에게 바쳐지는 식물은 장미와 도금 양이다. 제우스는 헤파이스토스가 번개를 잘 단련한 데에 대한 보답으로 아프로디테를 아내로 맞게 해 주었다. 가장 아름다운 여신이 가장 못생긴 신의 아내가 된 것이다.

④ 아폴론 태양의 신이며 아름다움과 음악의 신이다. 제우스와 레토 사이에서 태어났다. 레토가 헤라의 방해로 고생 끝에 쌍둥이를 낳았는데, 이들이 바로 아폴론과 아르테미스 남매이다. 아폴론은 레토를 대신해 테미스 여신에게 길러졌다. 그는 신의 술인 넥타르와 신들의 음식인 암브로시아를 먹고 며칠 후에는 어른이 되었다.

⑤ 포세이돈 포세이돈은 제우스에 버금가는 권력을 쥐고 있는 제2인자이며 바다와 물의 신, 지진의 신이다. 형제인 제우스를 도와 티탄 족을 정복한 뒤 바다를 지배하게 되었다. 그를 상징하는 것은 삼지창 트리아이나이며, 이것을 가지고 막강한 힘을 휘둘렀다.

⑥ 디오니소스 자연과 축제, 술의 신이다. 한번 죽었다 다시 살아난 신이며, 죽음에서 부활한 구원의 신, 생명력의 신이며 쾌락의 신이다.

⑦ 아르테미스 아폴론의 여동생으로 달의 여신이다. 아르테미스는 많은 님프들을 거느리고 산과 들을 뛰어다니며 사냥하기를 좋아했는데, 처녀성과 순결을 지키는 여신이다.

그리스 문명 **97**

⑧ **아테나** 지혜의 여신이자 전쟁과 평화의 여신. 아테나는 제우스의 머리에서 완전 무장한 모습으로 태어났다. 제우스는 아테나를 임신했던 메티스를 통째로 삼켜 버렸는데, "아버지를 몰아낸 자는 그 아들에게 쫓겨난다." 는 가이아의 예언이 두려웠기 때문이었다. 시간이 흘러, 제우스가 심한 두통을 호소하자, 헤파이스토스가 도끼로 제우스의 머리를 갈랐는데, 거기서 아테나가 태어났다. 아테나가 총애한 새는 올빼미였고, 그녀에게 바쳐진 식물은 올리브였다.

⑨ **헤르메스** 신들의 심부름꾼인데, 특히 제우스의 심부름을 한다. 제우스와 마이아 사이에서 태어났으며, 아버지 제우스의 사자(使者)로서 날개 달린 모자를 쓰고, 날개 달린 샌들을 신고, 모습을 감춰 주는 투구를 쓴 채 바람처럼 돌아다닌다. 손에는 두 마리의 뱀이 몸을 감고 있는 케리케이온 지팡이를 들고 다닌다.

⑩ **아레스** 강하고 잔인한 전쟁의 신. 제우스와 헤라의 아들로, 갑옷을 입고 투구를 쓰고 방패를 갖고 창과 칼을 지니고 있다. 그렇지만 아름다운 모습을 가진 청년으로, 여신 아프로디테의 사랑을 받아 그녀의 애인이 되었다. 그의 주위에는 걱정의 신 데이모스, 공포의 신 포보스, 불화의 신 에리스, 그리고 싸움의 여신 에니오가 따른다.

⑪ **헤파이스토스** 불과 대장장이의 신. 제우스가 화가 나서 그를 올림포스 산 꼭대기에서 집어 던져 그 후유증으로 다리를 절고 다녔다. 그는 신들의 집을 지어 주었으며, 황금으로 신들의 구두도 만들어 주었다. 헤파이스토스는 제우스와 헤라 사이에서 태어났다. 하지만 태어나면서부터 절름발이였기 때문에 헤라는 아들을 천상에서 내쫓았다. 제우스와 헤라가 부부싸움을 했을 때 헤파이스토스가 헤라의 편을 들었기 때문에, 제우스가 그를 하늘에서 떨어뜨려 절름발이가 되었다고도 한다.

⑫ **하데스** 제우스의 형으로 지하 세계를 다스리는 신이다. 크로노스와 레아의 아들로, 제우스를 도와 티탄 족을 정복한 뒤 저승을 지배하게 되었다. 지하세계의 신이라 가혹하고 냉정한 신으로 묘사되곤 한다. 하지만 결코 사악하고 부정을 저지르는 악마 같은 신은 아니다. 그는 키클롭스에게서 남들의 눈에 보이지 않게 하는 황금투구를 무기로 받았다.

그리스 문화를 이어받은 대 제국
로마 문명

(기원전 753년경~기원후 476년경)

로마는 지금의 이탈리아 테베레 강 연안에 라틴 인들이 세운 도시국가였어요. 로마는 이탈리아 반도를 통일하고 지중해를 손에 넣었으며, 더 나아가 유럽 대륙까지 세력을 넓혀 갔어요.
그러면서 문화 수준이 낮은 많은 사람들에게 문명을 전파했답니다. 로마 인들은 예술·과학·철학은 크게 발전시키지 못했지만, 정치와 행정 분야에는 뛰어나 대 제국을 건설할 수 있었어요.

대제국으로 성장해 문명의 아버지가 되다

아주 오래전에 긴 장화 모양의 이탈리아 반도에 사람들이 살고 있었어요. 그들은 강이 흘러 바다로 나가는 하류 지점에 살았어요. 그곳은 바다에서 강을 따라 반도로 들어가는 길목이어서 주변에 시장이 생겨나고 도시가 만들어졌지요. 사람들은 그 위쪽의 넓은 대륙에서 해안을 따라 이동하여 세력을 넓힌 민족의 지배를 받았어요. 하지만 점차 힘을 키워 여러 도시들을 이루며 그들의 지배에서 벗어나기 시작했어요.

그곳에는 경치도 좋고 방어하기에도 좋은 언덕에 성벽을 쌓고 나라를 세운 사람들이 주변의 도시들을 통합했지요. 그리고 그곳을 다스리던 세력을 몰아내고 강력한 군대를 키워 주변의 여러 문명을 정복해 새로운 문명을 만들어 냈어요. 그들이 바로 로마 인이고, 그들이 일군 문명은 로마 문명입니다.

로마 문명 시대와 맞지 않는 한 사람을 찾아보세요.
(정답 147페이지)

로마의 건국과 왕정

1. 메소포타미아와 이집트 등 동방의 문명을 받아들여 유럽 문명의 시초가 된 그리스 서쪽 옆에 지중해 쪽으로 길게 뻗은 장화 모양의 반도가 있었어요.

2. 반도의 중부에는 테베레 강을 끼고 도시를 이룬 사람들이 살고 있었어요. 그들은 라틴 족이었는데, 위쪽의 넓은 대륙에서 해안을 따라 이동하여 세력을 넓혔던 에트루리아 민족의 지배를 받고 있었지요.

고대 로마의 정치 포로 로마노

로마를 건국하고 7개의 언덕 사이의 습지대를 개간하여 만든 포로 로마노는, 로마가 이탈리아를 통일하기 전 로마의 중심지였어요. 이곳은 지금의 베네치아와 콜로세움 사이에 있는 곳인데, 로마를 세운 로물루스의 신전, 카이사르의 반역을 처단한 안토니우스 신전, 카이사르가 암살을 당했던 원로원과 함께 2개의 개선문 등이 이곳에 있어요. 또 곳곳에 건물의 기둥이나 잔해들이 남아 로마의 화려했던 역사를 짐작하게 해 주는 곳이랍니다.

③ 전설에 따르면, 기원전 753년에 로물루스라는 인물이 쌍둥이 동생인 레무스와 함께 주변의 경쟁자들을 물리치고 나라를 세워 왕이 되었다고 해요. 그 나라를 자신의 이름을 따서 '로마'라고 불렀어요.

④ 그때부터 로마는 왕과 왕을 보좌하는 원로원, 각 씨족의 귀족과 시민들이 모여 만든 민회를 구성했으며, 민회에서 투표를 거쳐 왕을 결정했지요.

로마 인들이 사용한 라틴어

로마 인들은 로마를 건국하면서부터 라틴 어를 사용했어요. 라틴 어는 원래 이탈리아 반도 서북부 라티움 족들이 쓰던 방언이었는데, 라티움 족이 바로 로마를 세운 사람들이었어요. 로마가 힘을 키우며 세력을 넓혀 지중해 연안을 정복하면서, 라틴 어는 제국의 언어로 널리 쓰이기 시작했어요. 그 후에도 중세를 거치면서 유럽 언어 전체에 막대한 영향을 끼치게 돼요. 기원전 6세기부터 라틴 어로 기록된 유물들이 나타났는데, 알파벳의 형성에도 영향을 미쳐 그리스 알파벳이 에트루리아 어 표기를 거쳐 라틴 어 알파벳으로 성립된 것이라고 여겨져요. 기원전 1세기 이후에는 유럽에서 공통적으로 사용하는 언어가 되어 우수한 문학을 탄생시키는 데 기여했어요. 그리고 프랑스, 이탈리아, 에스파냐, 포르투갈, 루마니아 등 유럽의 여러 나라 언어의 모체가 되었답니다.

로마 문명 **103**

❺ 로마는 이웃에 있던 사비니 족과 전쟁을 벌여 그들을 로마의 일부로 통합했어요. 기원전 268년경에 사비니 인들은 로마 시민권을 얻고 완전히 로마 시민이 되었어요. 전설에 따르면, 당시 로마에 여자가 부족해 로물루스가 사비니 족에서 여자를 약탈해 갔기 때문에 전쟁이 벌여졌 다고 해요.

❻ 그 후로 로마는 기원전 509년까지 약 250년 동안, 7명의 왕이 다스리는 왕정 시대였어요. 이 시대에 이웃 도시인 알바 롱가를 정복해 로마에 합병시키고, 오스티아 항구를 정복해 바다와 로마를 연결하는 도로를 만들었어요.

모든 길은 로마로!

로마는 일찍부터 도로를 잘 정비해 세계에서 처음으로 도로가 그물망이나 인체의 혈관처럼 체계를 이루게 했어요. 그래서 '모든 길은 로마로 통한다.'는 말이 생겨났지요. 로마의 체계적인 도로망은 군대와 물자의 이동이 편리해져서 제국으로 발전하는 데 큰 밑거름이 되었어요. 실제로 오늘날 유럽의 간선도로 대부분은 로마 시대 때 만들어진 거예요. 그리고 많은 곳이 로마 시대 도로 위를 아스팔트로 덮어 사용하고 있다고 해요. 그 당시의 도로를 지금도 그대로 사용하고 있는 곳도 있고요.

로마의 도로망

7 또 7개의 언덕 사이의 습지대를 일궈 로마의 중심지인 포로 로마노를 만들고, 로마를 둘러싸는 성벽을 건설했으며, 인구조사를 하기도 했어요.

세계 최초의 포장도로, 아피아 도로

로마의 도로는 지역에 따라 조금씩 다르기는 하지만, 큰 돌을 가지런히 놓은 다음 잘게 부순 돌을 그 위에 덮은 뒤 다시 자갈이나 일정한 크기의 사암을 덮어 화산재로 굳힌 것은 비슷해요. 도로의 폭은 보통 5미터에서 10미터, 산악지대는 2미터에서 2.5미터 정도예요. 직선을 이룬 도로 옆으로는 배수로를 설치하기도 했고요. 간선도로에는 도로를 만든 사람의 이름을 따서 길 이름이 붙여졌어요. '아피아'라는 건설 책임자 이름을 딴 아피아 도로는 로마에서 카푸아에 이르는 도로인데, 기원전 321년에 만들어진 세계 최초의 포장도로예요.

로마 문명 **105**

공화정과 이탈리아 통일

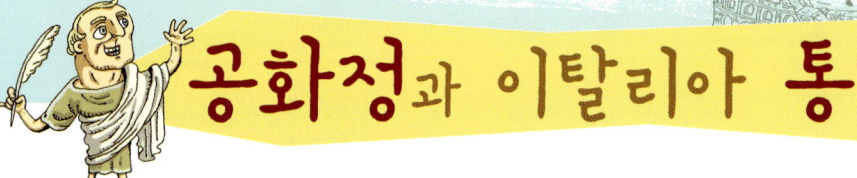

① 에트루리아 출신의 7대 왕 타르퀴니우스는 6대 왕인 세르비우스를 암살한 뒤 왕위에 올랐어요. 하지만 왕에게 불만을 품은 로마 시민들은 브루투스라는 인물의 지도 아래 왕을 몰아내요. 그리고 여러 대표자들이 모여 나라를 다스리는 귀족 중심의 공화제를 실시하지요.

② 왕이 로마를 다스릴 때도 절대적인 권력을 휘둘렀던 것은 아니었어요. 300명의 귀족들로 구성된 원로원과 귀족과 시민(평민)이 모여 회의했던 민회와 함께 나랏일들을 결정했지요.

로마의 오래된 성문법, 12표법

12표법은 평민들이 알 수 없었던 로마의 법을 문서로 기록한 거예요. 로마 최초의 성문법이라 할 수 있지만, 그 전의 관습법을 그대로 문서로 기록한 것이지요. 하지만 부동산에 관한 것이나 채무자와 채권자의 관계, 귀족과 평민의 결혼 금지 등 귀족들에게 유리하게 되어 있었어요. 그래서 평민들이 불만을 품고 귀족과 다시 대립하기도 했어요. 하지만 평민들이 그 전까지 모르던 법 제도를 알게 해 주고, 법의 제정에 참여하는 길을 열어 주었다는 의미가 있답니다. 이 법은 기원전 390년에 켈트 인의 침입으로 원판이 사라져서, 원판을 어디에 새겼는지 알 수 없게 되었어요.

③ 왕이 추방되자 민회와, 민회에서 선출된 임기 1년의 집정관 2명, 그리고 원로원을 중심으로 나랏일들이 결정되었어요. 그렇지만 귀족 중에서 선출된 2명의 집정관이 행정을, 귀족 대표 300명으로 구성된 원로원이 입법을 맡아 귀족들이 정치권력을 거의 독차지했어요.

④ 귀족들이 모든 권력을 차지하자 평민들의 불만이 높아졌어요. 평민들은 로마 시를 떠나 북동쪽 외곽의 성스러운 산이라 불리는 몬스사케르에 진을 치고 새로운 도시를 세우려 했어요.

리키니우스·섹스티우스법

평민들은 자신들에게 불리한 법률을 새롭게 제정해 귀족과 동등한 권리를 갖고자 계속 투쟁했어요. 그 결과 로마의 법 제도는 여러 차례 제정이 되었지요. 그중에 리키니우스·섹스티우스법은 호민관이었던 리키니우스와 섹스티우스의 제안에 따라 기원전 367년에 제정되었어요. 집정관 2명 중 1명은 평민 중에서 선출하고, 국유지의 1인당 면적과 기르는 가축 수를 제한해 정치적인 면과 경제적인 면에서 귀족과 평민의 지위를 동등하게 하려는 법이었어요.

로마 문명

❺ 평민들이 떠나면 로마를 지키기 어렵다고 판단한 귀족들은 평민들 중에서 호민관을 선출하게 했어요. 그리고 호민관이 평민들의 권리를 지키게 하는 제도를 만들었어요. 관습법을 문자로 기록한 12표법도 마련하여 귀족과 평민 누구나 공평하게 법률의 혜택을 받게 했어요.

❻ 로마는 힘을 얻었고, 주변의 지역들을 정복해 가기 시작했어요. 정복지의 주민들은 모두 로마 시민이 되게 했고, 정복지와 로마를 연결하는 도로를 건설해 기원전 272년에 이탈리아 반도를 통일하기에 이르렀어요.

평민과 귀족이 동등한 호르텐시우스법

호르텐시우스법은 기원전 287년, 평민 출신의 독재관이었던 호르텐시우스가 제안해 만들어진 법이에요. 원로원의 동의가 없어도 평민회의 의결이 로마의 법으로 효력을 갖게 한 법이었어요. 이 법의 제정으로, 평민이 귀족과 법률상 동등한 권리를 갖게 되었고 귀족과 평민의 신분 투쟁에 마침표를 찍게 되었어요.

지중해와 유럽 정복

① 이탈리아 반도를 통일한 로마는 지중해의 해상권을 차지하고 있던 카르타고와 3차에 걸쳐 전쟁을 벌여 승리했어요. 카르타고는 페니키아 인이 세운 도시국가예요. 이 전쟁을 '포에니 전쟁'이라고 해요. 그 뒤 로마는 그리스를 다스렸던 마케도니아도 물리치고, 동쪽의 시리아를 정복해 지중해의 새로운 주인이 되었어요.

② 그렇지만 전쟁으로 농토가 황폐해져 버렸고, 점령지를 지배하게 된 귀족들은 더욱 부자가 되어 농민들의 땅을 사들이면서 빈부의 격차가 심해지고 사회가 불안해져 갔어요. 호민관으로 뽑힌 그라쿠스 형제가 개혁 정책을 실시하려 하자, 귀족 출신의 원로원들이 반대하여 대립이 생겼고요.

로마 문명

③ 그 틈에 군사력을 장악한 술라 장군이 독재자가 되어 수많은 사람들을 재판 없이 처형하고 재산을 몰수하는 등 공포정치를 했어요. 술라 장군이 죽자 강한 군대를 가지고 있던 폼페이우스, 크라수스, 카이사르 장군은 서로 다투지 않기로 약속하고 공동으로 독재정치를 펼쳤어요. 이것을 '삼두정치'라고 해요.

④ 이들 중 카이사르는 반란이 자주 일어났던 갈리아와, 로마가 정복하지 못했던 브리타니아(지금의 영국)를 정벌했어요. 그리고 다시 로마를 정복해 최고 권력자가 되었지요. 그러나 카이사르는 암살되고 말았고, 카이사르의 부하 안토니우스와 옥타비아누스, 레피두스가 다시 삼두정치를 펼쳤어요.

로마를 상징하는 원형극장, 콜로세움

로마 인들의 뛰어난 건축술과 당시 모습까지도 알게 해 주는 콜로세움은 경기나 공연을 치르는 거대한 원형 극장이에요. 정식 명칭은 '플라비우스 원형 극장'이며, 고대 로마 인의 문화와 예술을 상징하는 곳이지요. 72년 로마의 베스파시아누스 황제가 네로 황제 때의 황금 궁전의 일부인 인공 호수 자리에 원형 경기장을 짓기 시작해, 그의 아들 티투스 황제(80년) 때 완공했어요. 약 5만 명에 가까운 관객을 수용할 수 있는 로마 제국 최대의 경기장이며, 그리스 형식에 로마의 기술을 더해 만든 뛰어난 건축물이지요.

5. 삼두정치를 펼치다가 야망을 품게 된 옥타비아누스는 악티움에서 안토니우스와 클레오파트라의 해군을 물리치고 기원전 27년에 로마 황제의 자리에 올랐어요. 이름도 아우구스투스로 바꾸었지요. 이때부터 황제가 나라를 다스리는 로마의 제정 시대가 시작돼요.

6. 3대 칼리굴라, 5대 네로 황제 등 사회를 어지럽혔던 황제들에 이어, 원로원이 추대한 다섯 명의 황제들이 로마를 다스리면서 로마는 평화와 번영을 누려요. 이때를 '오현제 시대'라고 해요.

7. 그 뒤 50년 동안 20명이 넘는 군인 출신의 황제가 각 지역에서 나왔어요. 그 시기를 지나 군인 디오클레티아누스와 콘스탄티누스 황제가 어수선한 로마를 다시 통일했으며, 313년에 기독교를 인정했어요.

로마 문명 111

8️⃣ 그러나 콘스탄티누스 황제가 죽은 뒤, 로마는 395년에 동서로 나뉘고 말아요. 서로마 제국은 로마를 수도로, 동로마 제국은 비잔티움을 수도로 삼았지요. 그러다가 476년에는 서로마 제국이 게르만 출신의 용병인 오도아케르의 반란으로 멸망해요.

로마 인의 대중목욕탕

로마 인들은 원형 극장이나 다리, 대중목욕탕 등을 만들어 스포츠나 연극을 보고 목욕을 하며 풍요로운 생활을 했어요. 네로, 베스파시아누스, 티투스, 디오클레티아누스 등 여러 황제들이 대중목욕탕을 지었어요. 디오클레티아누스 황제 때 만든 대중목욕탕은 면적이 37,500제곱미터로, 한 번에 3,000명이 목욕할 수 있었다고 해요. 누구나 들어올 수 있었고, 가난한 사람들이 입장료를 지불할 수 있을 만큼 가격도 쌌으며, 어린이는 무료였다고 해요.

카라칼라 목욕탕은 콜로세움에서 남쪽으로 약 1킬로미터 떨어진 곳에 있는 고대 로마의 대중목욕탕이에요.

이 목욕탕은 로마 제국 후기의 방탕한 황제 카라칼라가 217년에 만들었어요. 한번에 1,600명을 수용할 수 있으며 수도 시설과 도서관 터도 있었지요. 산책장, 예배당, 체육관 등도 함께 있어 사교의 공간이기도 했어요.

9. 동로마 제국은 비잔틴 제국이라 불리며, 로마 제국의 중흥을 위해 노력해 1,000년 넘게 로마의 역사를 이어 나가지요. 그리고 동서양의 문화를 합친 비잔틴 문화를 꽃피웠어요. 하지만 동로마 제국도 결국 1453년 투르크의 공격으로 멸망하고 말았답니다.

로마 인의 휴양도시, 폼페이

베수비오 화산의 남동쪽, 사르누스 강 하구의 항구 도시였던 폼페이는 휴양도시였어요. 로마의 제정 초기에 귀족들이 더위와 추위를 피해 곳곳에 별장을 지어 놓은 도시였어요. 63년 2월에 큰 지진이 일어나 피해를 입자, 그 뒤 훨씬 훌륭한 도시로 재건되었어요. 하지만 79년 8월 베수비오 화산이 크게 폭발해 용암과 화산재가 시가지를 덮어 버려서 사라지게 되었지요. 천 년이 지난 뒤에야 발굴이 되었고요. 로마의 전성기에 갑자기 화산재에 묻혀 당시 로마 도시의 일상생활을 자세히 알 수 있는 흥미로운 자료들이 발굴되었어요.

유적에 얽힌 이야기

로마의 중심지가 된 포로 로마노

로마를 세운 로물루스에게는 동생 레무스가 있었어요. 둘은 강에 버려져 늑대의 젖을 먹고 자랐는데, 나중에 자신들을 그렇게 만든 알바 롱가의 왕 아물리우스를 처치해 복수하지요. 그리고 도시국가 알바 롱가를 외할아버지에게 되찾아 준답니다. 형제는 나라를 세우기 위해 새로운 도시를 찾아 떠나요. 그러다가 언덕과 평지가 함께 있는 곳을 찾았는데, 그중에서 카피톨리노 언덕과 아벤티노 언덕이 가장 적당해 보였지요. 형제는 어디에 왕궁을 세울 것인가를 두고 경쟁했다가 형 로물루스는 카피톨리노 언덕을, 동생 레무스는 아벤티노 언덕을 각각 선택했어요. 형제는 각자 자신에게 신이 오기를 기다렸어요. 하지만 신의 손길이 먼저 닿은 사람은 동생 레무스였어요. 레무스에게 여섯 마리의 독수리가 나타났답니다.

그 다음에 로물루스에게 열두 마리의 독수리가 나타났어요. 이렇게 해서 로물루스는 도시를 세울 영광을 얻게 되었지요.

로물루스는 쟁기를 가지고 팔라티노 언덕을 갈면서, 앞으로 건설할 도시의 성곽과 성문의 위치를 정했어요. 이 모습을 지켜보던 레무스는 로물루스가 파 놓은 울타리를 건너다니며 형을 놀렸어요.

화가 난 로물루스는 **"누구든지 내 땅을 침범하는 놈은 다 죽여 버리겠어!"** 라고 소리치며 그만 동생을 죽이고 말았어요.

결국 로물루스는 그곳에 로마를 세웠고, 카피톨리노 언덕과 팔라티노 언덕 사이의 낮은 지대에 있는 포로 로마노가 로마의 중심지가 되었어요. 그래서 로물루스 신전과 원로원, 개선문 등 여러 유적을 남겼답니다.

특징과 흔적

로마 문명의 특징

- 그리스 문화를 바탕으로 하여, 메소포타미아 문명과 이집트 문명을 흡수하여 탄생한 문명이다.
- 왕정에서 공화정, 공화정에서 제정 시기를 거치며 귀족 출신의 원로원과 평민 출신의 호민관 제도를 두는 등 정치 제도의 발전을 이루었다.
- 12표법을 시작으로 법률을 발전시켜 《로마 대법전》을 편찬했으며, 로마의 법률은 근대법의 뿌리가 되었다.
- 로마 문자를 만들고 사용하여 학문을 발달시키고, 서양 문화를 전파하는 데 큰 역할을 했다.
- 식민 도시를 건설해 로마의 법과 제도와 함께 그리스 문명을 유럽에 심었다.
- 그리스 양식에 로마의 실용성을 더한 건축술로 대규모 건축물을 지었으며, 아치와 돔이라고 불리는 독특한 건축 기법을 발전시켰다.
- 건설 기술이 발달해 도시 발달에 영향을 끼쳤다.
- 과학과 의학에서도 큰 발달을 이루었다.
- 기독교를 국교로 삼아 기독교를 세계에 전파하는 역할을 했다.

로마 문명의 흔적

폼페이 유적지

로마 개선문

포로 로마노 유적지

콜로세움

로물루스 이야기

동생과 함께 늑대의 젖을 먹고 자라난 로물루스가 로마를 세운 이야기는 기원전 3세기 무렵에 생겨난 전설이에요. 로마 건국에서 매우 중요한 의미를 가지고 있어요. 늑대는 전쟁의 신인 마르스가 부리는 동물인데, 로마 인들은 스스로를 전쟁의 신인 마르스와 미의 여신 베누스(비너스)의 후손으로 생각한 것이지요.

로마가 생겨나기 전, 지금의 로마 지역에 누미토르 왕이 다스리던 작은 도시국가 알바 롱가가 있었어요.

그리스와 트로이 전쟁 당시, 트로이를 탈출한 아이네이아스의 후손들이 400년에 걸쳐 다스리던 도시였지요.

누미토르 왕이 레아 실비아라는 딸만 남기고 죽자, 동생인 아물리우스는 왕위를 차지하기 위해 레아 실비아를 무녀로 만들어 버렸어요.

어느 날, 레아 실비아가 강에서 목욕하고 있을 때 전투의 신 마르스가 한눈에 반했어요. 레아 실비아는 로물루스와 레무스라는 쌍둥이 아들을 낳았어요.

아물리우스가 이 사실을 알고는 쌍둥이를 바구니에 담아 테베레 강에 버리게 했어요.

그때 늑대가 젖먹이의 울음소리를 듣고 두 아기에게 젖을 물려 주었고, 목동이 두 아기를 발견해 키웠어요.

쌍둥이는 자라면서 탄생의 비밀을 알게 되었고, 알바 롱가로 쳐들어가 복수를 했어요. 그러고는 외할아버지인 누미토르에게 왕위를 되찾아 주었지요.

형제는 새로운 곳을 찾아 떠나 각각 나라를 세웠어요. 그렇지만 사이가 나빠져 서로 으르렁대다가

로물루스가 레무스를 죽이고 나라를 합쳐 새로운 도시국가를 세웠어요. 그 도시국가가 로물루스의 이름은 따서 세운 로마였어요.

최고의 수학과 천문학을 자랑한
마야 문명
(기원전 1500년경~기원후 1400년경)

마야 문명은 중앙아메리카의 멕시코 남동부 과테말라, 유카탄 반도 지역을 중심으로 번성했던 인디오 문명이에요. 마야 인들은 아주 정확한 달력을 만들고, 독특한 상형문자와 기수법을 썼던 우수한 민족이었어요. 그러나 농사짓는 방법은 석기 시대의 원시적인 농사 방법을 썼던 이상한 민족이기도 했어요. 그들은 농업에 종사했으며 옥수수를 수확했어요. 마야의 상인들은 멕시코만과 카브리해의 다른 민족들과 교역을 하기도 했답니다.